NANTES ET LA LOIRE

PAR

M. C. [illegible]

Ingénieur en chef des Ponts et Chaussées

« De tous les grands cours d'eau qui
arrosent la France, la Loire est le fleuve
qui possède la meilleure embouchure. »
JURIEN DE LA GRAVIÈRE.

TABLE DES MATIÈRES.

OUVRAGES DU MÊME AUTEUR.

(Dunod, éditeur, quai des Augustins, 49.)

Reconstruction de deux ponts sur la Loire, a Nantes.

Endiguement de la basse-Loire. — *Théorie générale des débits dans la partie maritime des fleuves.*

Forme de carénage de Paimbœuf. — *Epuisement par une machine hydraulique.*

Théatre de Nantes. — *Chauffage et ventilation.*

NANTES ET LA LOIRE

PAR

M.-C. LECHALAS,

Ingénieur en chef des Ponts et Chaussées.

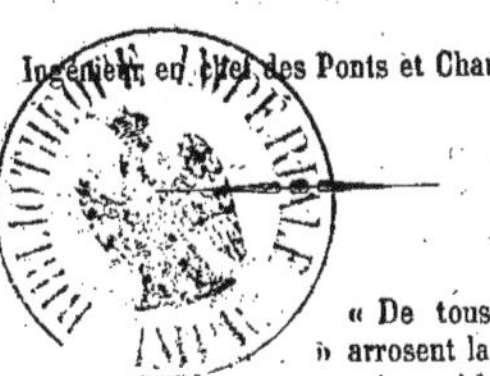

« De tous les grands cours d'eau qui
» arrosent la France, la Loire est le fleuve
» qui possède la meilleure embouchure. »
JURIEN DE LA GRAVIÈRE.

TABLE DES MATIÈRES.

Nantes et la Loire est le résumé du *Rapport sur la transformation de la Basse-Loire*, imprimé en 1869 par les soins de la Chambre de Commerce. — L'auteur a ajouté une note spéciale, pour répondre aux objections qui ont été faites à son projet (pages 105 à 130).

LE PORT DE NANTES.

———

L'amélioration des embouchures de fleuves est un sujet qui présente le plus vif intérêt, au point de vue de ce grand art de l'Ingénieur dont les progrès se traduisent, presque toujours, par d'importantes économies dans la distribution des richesses. — Il s'agit ici de supprimer un intermédiaire onéreux, chaland ou chemin de fer, entre la navigation intérieure et la navigation maritime (¹).

(¹) Lorsqu'on se décidera à s'occuper sérieusement de la Loire fluviale, un grand effort dans la Basse-Loire sera doublement justifié. — Telle qu'elle est, la navigation de la Loire fonctionne d'une manière sérieuse entre Angers et Nantes ; le tonnage annuel augmente dans cette section, tandis qu'il diminue dans les autres.

Le progrès à réaliser est comparable à la simpli-
fication d'une machine, où souvent une idée simple
permet de supprimer un rouage et de diminuer les
frottements.

Le transport entre la côte et les ports maritimes de l'intérieur est pour ainsi dire gratuit,
lorsqu'il s'effectue sur le navire arrivant du large.
On conçoit que le port le plus recherché soit le
port d'amont, puisque là seulement se trouvent
les rapports faciles, dans toutes les directions,
avec le pays. Il existe cependant quelques grands
ports d'embouchures, qui se sont développés par
suite des intolérables difficultés de la navigation
des fleuves; mais on comprendrait difficilement
aujourd'hui qu'un grand port commercial, un grand
marché, de grandes industries pussent se créer
entre l'Océan et Nantes ([1]). L'une des premières conditions n'est-elle pas une communication directe,
par terre, entre les deux rives du fleuve, et les
probabilités d'un dédoublement ne sont-elles pas
diminuées par la facilité des communications ordinaires, du marché actuel au marché supposé?
Il est donc à craindre qu'on n'arrive qu'à faire
végéter deux ports, si l'on ne prend pas les
mesures nécessaires pour développer largement

([1]) Nantes n'est guère plus loin de l'Océan que
Pauillac.

celui qui possède les capitaux, les ateliers et la population.

Il ne serait pas impossible d'améliorer le matériel fluvial, de telle manière que le contact du bateau et du navire eut lieu dans les bassins de Saint-Nazaire. Mais ce perfectionnement correspondrait à de sérieuses dépenses, et devrait s'étendre au matériel de tous les canaux si l'on rendait le fleuve navigable jusqu'à Briare. Tant que les arrivages d'amont n'auront qu'une importance médiocre, cette organisation semi-marine de la batellerie semblera facile à quelques personnes ; mais une telle hypothèse devient choquante lorsqu'on calcule sur la navigation régénérée par la transformation de la Loire fluviale, et par l'amélioration des canaux français et de leurs aboutissants d'Allemagne. Les deux navigations doivent se réunir en un point où chacune puisse aboutir aisément, avec le matériel le plus convenable pour son service ordinaire.

L'assurance de la marchandise est aujourd'hui de 0,50 par cent francs de Nantes à Saint-Nazaire, *sur chalands spéciaux,* tandis qu'elle ne monte qu'à 0,40 de Saumur à Nantes. Lorsque l'assurance ne se rapporte en réalité qu'à des risques de sauvetage et non à la valeur totale de la marchandise (machines, etc.), le tarif se réduit à 0,25 de Nantes à Saint-Nazaire. Le transport se fait alors sans transborder à Nantes, dans des bateaux plus solides que les autres (¹) : on se résigne à subir des dangers réels, pour éviter les frais de mise en chaland à Nantes.

La Loire fluviale. — Le perfectionnement de nos voies navigables, et par suite la bonne organisation de la batellerie, constitue la véritable solution du grand problème des transports à bon marché. Les prix actuels varient de 3 à 8 centimes par tonne kilométrique sur les chemins de fer, de 2 à 4 centimes sur nos canaux et rivières ; mais pour la Loire le maximum atteint 0,046 (marchandises diverses) et le minimum ne descend qu'à 0,032 (houille). Avec une bonne navigation, dégagée de tous péages, on transporterait les matières encombrantes à 1 centime 1/2, c'est-à-dire au tiers du tarif moyen des chemins de fer, à la moitié des tarifs exceptionnels.

Mais quels services voulez-vous attendre de la batellerie sur notre grand fleuve central, lorsqu'on met une entreprise dans le cas de faire entendre les doléances que voici :

« Nous avons en Loire quatre-vingt-quatorze

(¹) On cite encore des bateaux chargés de chaux, qui descendent directement au port d'embouchure ; mais personne ne veut les assurer.

» bateaux contenant 9,543 tonnes de charbon; mais
» depuis plus de trois mois nous n'avons pas pu
» descendre au tirant d'eau de un mètre. Afin de
» ne pas laisser manquer notre clientèle d'Orléans
» à Saumur, nous avons expédié à demi-charge ;
» *pour notre clientèle de Saumur à Nantes,*
» *nous avons eu recours aux charbons anglais.*
» Depuis le 16 mai, les eaux sont devenues si
» basses qu'il ne nous a plus été possible de faire
» aucune livraison, et nous nous sommes vus forcés
» d'arrêter les expéditions de la mine, pour ne pas
» nous encombrer aux embouchures des canaux.
» Voilà la situation où se trouvent les houillères
» du centre de la France, qui n'ont d'autres dé-
» bouchés que les usines du littoral de la Loire ;
» obligées de suspendre l'extraction faute de
» moyens de transport, forcées d'acheter des pro-
» duits étrangers pour remplir des engagements
» contractés en prévision des crues de la Loire.
» Il ne faut donc pas s'étonner que ces mines ne
» se développent pas, et que les charbons an-
» glais s'emparent de la consommation de Nantes
» à Tours. »

« La Loire, dit Michel Chevalier, est de tous
nos fleuves celui dont le perfectionnement porte-
rait les plus beaux fruits, car son bassin renferme
le cinquième de la population de la France. Par
dessus tout, la Loire réclame impérieusement l'at-

tention du Gouvernement et les subsides du Trésor.
Il n'y a qu'une voix à cet égard parmi ceux qui
veulent que la France soit riche, et qui connaissent
les ressorts de la prospérité publique. Dans les
six grandes artères qui doivent sillonner le territoire d'un bout à l'autre, il faut placer en première
ligne la voie navigable qui unirait Brest, Saint-
Malo, Lorient, Bâle, Strasbourg et Marseille, par
Rennes, Nantes, Orléans, Nevers, Châlons, Besan-
çon et Mulhouse. »

« Le bassin de la Loire, dit Stéphane Flachat,
est le plus étendu de France. Dans son cours de
200 lieues, la Loire reçoit un grand nombre de
rivières de premier ordre ; mais si elle est le plus
beau fleuve de France, c'est aussi celui dont la
navigation est la plus irrégulière et la plus difficile. »

Entre Combleux (embouchure du canal d'Or-
léans) et Tours, la navigation trouve dans la
Loire pendant deux mois par
an . . . . $1^m,00$, au moins ;
Pendant trois mois . . . . $0^m,75$
Pendant trois mois . . . . $0^m,60$
Pendant deux mois . . . . $0^m,40$
Pendant deux mois . . . . plus de navigation.

De Tours à Angers.

Pendant deux mois . . . . $1^m,00$, au moins ;

Pendant quatre mois . . . . $0^m,75$
Pendant trois mois . . . . $0^m,60$
Pendant trois mois (avec
l'aide de chevalages) . . . . . $0^m,40$

D'Angers à Nantes.

Pendant trois mois . . . . $1^m,50$, au moins ;
Pendant quatre mois . . . . $0^m,85$
Pendant trois mois . . , . $0^m,75$ ⎱ au moyen
Pendant deux mois . . . . $0^m,65$ ⎰ de chevalages.

On a fait quelques endiguements partiels, mais le tracé des ouvrages est très-défectueux. L'absence de résultats utiles ne prouve donc rien contre le système.

La Loire maritime. — La centralisation administrative simplifie quelquefois, mais elle complique souvent. Glascow a pu faire des merveilles sans demander autre chose à l'Etat qu'une autorisation [1] ; que serait aujourd'hui cette ville, passée si rapidement de 100 mille à 550 mille

[1] Le syndicat de la Clyde a fait largement appel au crédit ; la dette est actuellement de 42 millions. Les intérêts et les autres dépenses annuelles sont couverts au moyen de droits sur les navires, etc.; mais nous manquons de renseignements positifs à ce sujet.

âmes, si l'allocation de crédits par les pouvoirs publics avait été une condition de son développement ? Peut-être n'eût-elle pas été aussi heureuse que Dunkerque et Bordeaux, où l'on exécute actuellement de grands travaux (moins considérables, d'ailleurs, que ceux de la Clyde) sans autre charge pour les localités qu'une minime différence d'intérêt, couverte en totalité ou en partie par un droit de tonnage, à percevoir sur les navires entrant chargés dans ces ports (1).

Il appartient à la ville et au commerce de

(1) Loi du 20 mai 1868 :

Art. 1er. — Est acceptée l'offre faite par la ville de Dunkerque, ainsi qu'il résulte de la délibération du Conseil municipal en date du 25 octobre 1867, d'avancer à l'Etat la somme de 12,000,000 de fr., pour être affectée à l'exécution des travaux d'amélioration de ce port, autorisés par le décret du 14 juillet 1861.

Art. 2. — Les fonds successivement versés par la ville, jusqu'à concurrence de ladite somme de 12,000,000, porteront intérêt à 4 % à dater de leur versement.

L'amortissement, calculé au même taux de 4 %, s'effectuera en douze annuités, à partir de 1870.

Art. 3. — La ville de Dunkerque est autorisée à emprunter, à un taux d'intérêt qui n'excède pas 5 %, une somme de 12,000,000 de fr., remboursable en treize annuités, à partir de 1870, pour

Nantes de prouver que l'intérêt qu'ils défendent n'est pas un intérêt local, ou (subsidiairement) que les travaux demandés n'ont pas plus ce caractère que ceux des villes de Dunkerque et de Bordeaux, que leur influence sur la prospérité des populations s'étendra à quatre ou cinq fois autant d'intéressés, et qu'on peut leur consacrer en conséquence quatre ou cinq fois dix ou douze millions.

subvenir à la dépense des travaux mentionnés dans l'article 1er.

. . . La différence entre le taux d'intérêt payé par l'Etat à la ville, et celui qu'elle aura payé elle-même aux souscripteurs de l'emprunt, sera couverte au moyen de la perception d'un droit de tonnage de 12 c. par tonneau de jauge, établi suivant les formes déterminées par l'article 4 de la loi du 19 mai 1866, et portant sur les navires français et étrangers entrant chargés dans le port de Dunkerque, et venant du long-cours ou des pays étrangers. Ce droit n'est pas applicable au matériel de l'Etat.

Cette perception cessera immédiatement après l'entier remboursement de la somme formant cette différence.

Une autre loi, également du 20 mai 1868, consacre une convention semblable, intervenue entre l'Etat et la Chambre de Commerce de Bordeaux, pour la construction d'un bassin à flot. L'avance monte à

Faisons connaître la situation des choses, en tâchant de rester dans notre rôle de rapporteur, sans glisser dans celui d'avocat passionné.

Les principaux intérêts de Nantes se rattachent tous à la navigation maritime. Constructions de navires, armements au cabotage et au long-cours, importation et raffinage des sucres, exportation de céréales, introduction et mise en œuvre de riz et de graines oléagineuses, commerce de cafés et

10,000,000, à amortir en quinze annuités, à partir de 1872. Le droit de tonnage est fixé à *vingt* centimes.

L'article 4 est ainsi conçu : « L'Etat s'engage à concéder à la Chambre de Commerce, le long des quais du bassin à flot, les terrains nécessaires à la création de magasins-docks. Le prix de la concession de ces terrains sera égal au prix moyen payé par l'Etat lui-même, sans addition d'intérêt. Ce prix viendra en déduction des dernières annuités à payer par l'Etat. Les autres conditions de la concession seront déterminées par un décret rendu en Conseil d'Etat. »

Par décret en date du 7 juillet 1869, la colonie de la Guadeloupe est autorisée à percevoir sur les navires de toute provenance et de tous pavillons, entrant à la Pointe-à-Pître, des droits dont le maximum est fixé à 2 fr. par tonneau pour les navires chargés, et à 50 c. pour les navires sur lest. La perception de ces droits cessera après l'acquittement de la dépense relative à l'amélioration du port.

autres denrées exotiques, de bois du Nord, de charbons, toutes ces branches d'industrie ou de commerce souffrent plus ou moins de l'état de la Loire, et sont appelées à se développer par le seul fait de la transformation du fleuve.

Constructions navales. — Aucun port français ne peut être mis en comparaison avec Nantes pour les constructions navales. De 1854 à 1857, ses chantiers ont livré 29,500 tonneaux de port par an. C'était le résultat d'une activité exceptionnelle ; mais de 1864 à 1868 la production a encore atteint, chaque année, 18,500 tonneaux. Ce chiffre est remarquable en présence des facilités données au commerce, depuis le 1er janvier 1867, pour la francisation des navires étrangers moyennant un simple droit de 2 fr. par tonneau de jauge (1). L'acquittement de ce droit a porté en 1868 (pour toute la France) sur 106 navires en bois (17,776 t.) et 11 en fer (6,860 t.)

Dans l'enquête relative aux traités de commerce, un constructeur de Bordeaux a reconnu que les

(1) Malgré le bas prix nominal des navires du Canada, les constructeurs de Nantes ont conservé leur clientèle. On admet généralement la supériorité, sous tous les rapports, des navires sortant de leurs chantiers. — Il faut ajouter, moyennement, 45 % au jaugeage pour avoir le port réel.

navires coûtent moins cher à Nantes qu'au Hâvre, Bordeaux et Marseille.

En 1866, les chantiers de Nantes ont construit 25 bateaux à clapets en fer pour l'isthme de Suez; en 1867, 30 bateaux à clapets, 8 chaloupes, un baliseur en fer de 45 chevaux, un pompeur de 25, une drague de 22 chevaux (¹), un bateau-porte en fer, sans compter les ponts, charpentes et autres ouvrages fixes.

Bordeaux et Lormont ont construit : en 1866, 23 navires en bois portant 8,000 t.; en 1867, 18 navires (6,000 t.); en 1868, 13 navires (5,000 t.), 3 canonnières et 1 vapeur en fer (²).

Le développement de cette grande industrie serait considérable à Nantes, si le fleuve était en rapport avec les besoins actuels. C'est sans doute à l'abondance et à la qualité des bois de chêne dans son rayon que ce port a dû le développement de ses chantiers; mais le temps a marqué son

(¹) Ces travaux sont compris dans les 18,500 t. afférents à chacune des années 1866 et 1867.

(²) Le Havre n'a plus qu'un chantier. La production est insignifiante à Marseille. — Bordeaux voit son importance décroître chaque année comme port de construction; mais ses chantiers sont alimentés par les réparations (plusieurs millions chaque année, contre 4 à 500,000 francs à Nantes par suite du mauvais état de la Loire).

empreinte en formant une population ouvrière nombreuse , intelligente , assez ardente au travail.

Depuis quarante ans, de nombreux ateliers de chaudronnerie, fonderie, ajustage, ont été organisés ; la construction des bateaux en tôle et de leurs moteurs n'attend qu'un plus grand nombre de commandes, pour prendre un accroissement auquel elle est préparée. Si le port était accessible aux grands navires, la prospérité se développerait d'autant plus que la transformation du fleuve supprimerait une masse de faux frais, et que le prix de revient descendrait au-dessous de celui de Glascow ([1]).

([1]) Le bas prix de la main-d'œuvre compense et au-delà la surpaye du fer et de la houille. En supprimant les faux frais qui proviennent du mauvais état du fleuve, les prix de revient s'abaisseraient au-dessous de ceux des ports anglais (*). Le rétablisse-

(*) Prix de la tôle dans la Grande-Bretagne et à Nantes :

Tamise	181
Wear	172
Clyde	181
Nantes	240 (270 sans

les acquits à caution).

Prix de la main-d'œuvre :

	Tamise.	Wear.	Clyde.	Nantes.	St-Nazre.	Bordeaux.
Charpentiers.	8.75	6.25	5.60	3.50	5.00	5.00
Riveurs	7.50	5.20	4.60	3.50	4.50	4.50
Voiliers.	6.25	6.25	5.20	4.25	»	»
Manœuvres..	»	»	4à4.50	2à2.50	4à4.50	3.50à4

Les lancements dans la Clyde atteignent environ 250,000 tonneaux effectifs par an. Pendant le mois de juin 1869, ils se sont élevés à 20,318 tonneaux, se décomposant comme suit :

Dix voiliers, dont sept en fer, deux en fer et bois et un en bois (10,480 tonneaux);

Huit vapeurs à hélice (9,738 tonneaux);

Un vapeur à aubes de 100 tonneaux.

Ainsi l'on produit plus en un mois à Glascow qu'en une année à Nantes. Cet état de choses serait complètement changé par la transformation de la Basse-Loire, car cette opération permettrait d'apporter plus d'économie dans les armements (qu'aujourd'hui l'on est souvent obligé de faire loin

ment de l'équilibre aurait peut-être lieu plus tard par une certaine augmentation des prix de main-d'œuvre; mais on resterait au moins dans des conditions de concurrence à armes égales.

On se souvient encore des dépenses subies, des risques courus par deux transports de l'Etat, il y a une dizaine d'années, pendant leur descente à la mer.

L'un des constructeurs de Nantes serait prêt à accepter, dès aujourd'hui, au prix de Glascow, toute commande comprenant un certain nombre de navires semblables, la répétition du même type étant importante pour l'abaissement du prix de revient.

du chantier), rendrait facile la descente à la mer des navires de fort tonnage, etc. Il faut ajouter que les réparations se feraient à moindres frais que dans les ports mal outillés de Paimbœuf et de Saint-Nazaire.

La translation à Saint-Nazaire des chantiers de construction, théoriquement indiquée par quelques personnes, paraît difficile à réaliser. Cette industrie a, comme les autres, ses moments de langueur; il faut donc qu'elle soit placée au centre d'un grand marché de main-d'œuvre, sinon les ouvriers auraient à subir des chômages que la variété des industries locales n'atténuerait plus. Sans doute il y a de grandes souffrances individuelles lorsqu'à Nantes les constructions navales ne marchent qu'à demi; mais la partie la plus besoigneuse du personnel se compose de manœuvres qui trouvent généralement à se caser ailleurs, ce qui n'aurait pas lieu de longtemps à Saint-Nazaire. La grande industrie n'est admissible, au point de vue de l'intérêt de tous, qu'à la condition de réunir dans quelques centres des spécialités multipliées. — Il y aura toujours, avec notre organisation industrielle, des ouvriers spéciaux inoccupés, lorsqu'une branche du travail national souffrira. Mais, étant mieux payés que les simples manœuvres, ils peuvent faire quelques économies, tandis que ceux-ci tomberaient immédiatement dans le dénûment absolu, sans cette variété des industries qui est leur sauvegarde. A défaut, ils n'auraient qu'un moyen d'échapper à la mendicité : la recherche au loin du travail qui manquerait chez eux, ressource incertaine et dont les conséquences lamentables ne sont que trop connues.

Armements. — Le port de Nantes possédait, au 31 décembre 1868, 650 navires jaugeant 119,108 tonneaux ([1]), non compris les 84 navires formant l'effectif de Saint-Nazaire (21,187 t., dont 15,500 à la Compagnie transatlantique). Le tonnage total des bâtiments du commerce français étant de 1,048,679 tonneaux (au 31 décembre 1867), Nantes représente plus du neuvième, et le huitième si l'on met hors de compte les compagnies postales subventionnées.

Le matériel naval se divise en deux grandes catégories : long-cours, cabotage. Beaucoup de navires de la première catégorie ne revoient jamais leur port d'armement. Les navires composant la seconde remontent à Nantes à la faveur des marées de vive eau. — Il y a des pertes de temps que les navires à voiles sont seuls en mesure

([1]) Marseille : 798 navires, 158,535 t.
    Bordeaux : 444   —   133,159
    Le Havre : 370   —   112,301

d'accepter ; aussi le cabotage à vapeur est-il très-restreint, et ne comprend-il que de très-petits navires.

Il faut bien l'avouer, ces difficultés, ces temps perdus, sont pour ainsi dire une spécialité du port de Nantes ; pareils embarras ne se rencontrent pas ailleurs, en France ou en Angleterre, avec une telle intensité. Voici l'une des conséquences les plus connues de cet état de choses : le transport des charbons de Cardiff se fait de plus en plus par de grands steamers dont le tirant d'eau approche de 5^m. Si cette navigation pouvait aboutir aux quais de Nantes, nul doute que des armateurs de ce port ne l'eussent entreprise. Mais la perspective de déplacements continuels, de frais extraordinaires pour l'entretien du matériel hors de Nantes, les a arrêtés, et ce trafic (130,000 tonnes par an) est fait à Saint-Nazaire, sous pavillon anglais exclusivement. — Une grande partie du Cardiff ainsi introduit par Saint-Nazaire est consommée à Nantes.

Raffineries. — Nantes tient la première place parmi les ports de France pour le commerce des sucres, et fait passer chaque année 50 à 60 millions de kilogrammes dans ses raffineries. — 1867 : sucre exotique, 45 millions ; sucre indigène, 11. L'exportation des sucres raffinés a atteint **11** millions de kilogrammes en 1865, mais elle a beaucoup baissé depuis ; la Suisse, l'Italie et les royaumes Scandinaves occupent le premier rang parmi les pays destinataires.

Céréales. — Nantes est le premier marché de l'Ouest pour les céréales. L'exportation y est très-active dans les années d'abondance ; elle dépasse souvent 140,000 tonnes.

Marchandises diverses. — Les riz, les graines oléagineuses, les bois du Nord, les plombs d'Espagne, les fers et les fontes, les charbons, alimentent un commerce étendu, qui se rattache principalement aux industries locales.

Navigation. — Le malaise du marché, l'arrêt de son développement, s'expliquent en grande partie par les difficultés d'accès au port ; les allégements, avec leur cortége d'avaries, de frais, de retards, sont de plus en plus antipathiques au commerce. Ils sont incompatibles avec la libre concurrence.

Le mouvement total de la navigation du port de Nantes à diverses époques, entrées et sorties, est donné dans le tableau suivant :

1764. Navires : 1,429 ; tonnages : 158,543
1790.   —   2,558   —   226,046

1830. Navires: 4,755; tonnages: 263.227
1842.   —   6,253   —   366,583
1855.   —   6,730   —   489,617
1860.   —   7,736   —   586,405
1867.   —   6,495   —   446,643

Saint-Nazaire, 1867 : navires, 1,376 ; tonnage, 480,433.

Personne ne peut savoir ce que serait le mouvement de la navigation dans la Loire transformée, donnant accès à des navires tirant 5^m,40 en morte eau, 6^m,50 en vive eau, au lieu de 3^m,50 à 4^m en vive eau ([1]). L'établissement d'Indret

([1]) Le pilote-major Bertrand, de Basse-Indre, nous a communiqué le tableau des profondeurs dans le chenal, d'après les sondages faits en juin 1869. — Ces profondeurs, comptées au-dessous du plein de vive eau ordinaire, sont :

Partie endiguée :

Haut fond de Chantenay............ 4^m 30
Entre Roche-Maurice et Haute-Indre. . 3^m 90
Indret...................... 4^m »»
Entre Couëron et le Pellerin....... 4^m 10

En aval des digues :

Grande-Folie............... 3^m 80
Pineau.................... 3^m 20
Ile Binet.................. 4^m 10
Pierre-Rouge et queue de Carnet . . . 4^m 20

Vers la fin de 1869, on trouvait de 3^m 50 à 4^m en vive eau dans la Basse-Loire, par suite de l'exécution de dragages en aval des digues.

éprouverait le premier les bienfaits d'un tel changement ; quels services ne pourrait pas rendre ce grand atelier, aidé par l'industrie nantaise, si l'on donnait là profondeur au fleuve sur lequel il est assis ?

L'économie à réaliser par les navires qui, actuellement, montent à Nantes, n'est pas la chose principale. C'est l'accroissement de la navigation générale, l'accroissement des transports sur les chemins de fer eux-mêmes, qu'il faudrait pouvoir apprécier.

———

Généralités. — Il est pénible de le dire, mais qui pourrait nier que l'éducation économique fasse défaut dans toutes les classes de la société française. L'enseignement de l'économie politique n'est pas organisé, et c'est un malheur national ; deux ou trois chaires parisiennes, une ou deux chaires départementales, sont bien peu de chose pour instruire tout un peuple. Je voudrais qu'on pût du moins établir dans chaque grand port, dans chaque ville industrielle, un cours public sérieux. L'histoire de la production et de la distribution des richesses suffirait, en dehors de toute philosophie, pour faire entrer dans les intelligences des idées utiles, faute desquelles nous perdons un temps précieux et laissons les dangers s'accumuler.

La prospérité est proportionnelle au développement des moyens de production, à l'économie dans la distribution des richesses, et à l'élévation du niveau intellectuel et moral. — L'esprit inventif ne manque pas à notre pays, et d'ailleurs nous savons emprunter aux autres peuples leurs découvertes industrielles, leurs nouveaux modes de fabrication. Mais nous n'employons pas assez les moyens qui réussissent ailleurs pour développer la production en perfectionnant la distribution; je veux parler des voies de communication économiques et de l'organisation commerciale. Partout où peuvent arriver facilement les matières premières, les produits manufacturés, un marché naît par la force des choses; mais en général il ne prend d'importance que s'il se trouve placé dans une contrée fertile, habitée par une race laborieuse, vers le débouché d'un fleuve. La présence d'un grand marché développe la prospérité de tout un peuple; s'il faut que les petits ateliers soient partout, les grands doivent se grouper, et la loi de concentration s'applique encore plus aux marchés, parce que la fonction directrice ne peut émaner que d'un centre d'informations universelles (1).

(1) « Nos fabricants sont supérieurs à leurs concurrents anglais, et à mesure que leur outillage se

Les seuls transports économiques sont les transports par masses; si, de tous les points du territoire, les produits destinés à l'alimentation de Paris étaient portés par la charrette du paysan, de la ferme à la halle, quel serait le prix de revient ? Quel ne serait pas le dommage pour la société, par la perte du temps de l'homme et du cheval, l'usure du matériel ? Il faut réduire au minimum l'emploi des moyens onéreux de distribution ; on consacrera plus de bras à la production, et l'on fera des échanges plus avantageux ; le pays deviendra plus riche en un mot.

Que chacun fasse donc en sorte d'unir par un bon chemin la ferme ou l'usine à la route voisine, que la commune et le département construisent et entretiennent des voies publiques multipliées, sillonnant le territoire à mailles serrées dans toutes les directions, que l'Etat emploie les ressources

» complète ils sont mieux en état de lutter. Mais,
» au point de vue commercial, *il nous manque un*
» *port* comme Liverpool et *une bonne organisation ;*
» nous n'avons pas de maisons d'exportation comme
» les *Shipping-House* d'Angleterre, qui, servant
» d'intermédiaire entre l'acheteur du dehors et le
» fabricant, débarrassent celui-ci de tous soucis
» étrangers à son industrie. Il nous manque enfin *des*
» *moyens de transport à bon marché.* » (*Annales industrielles.*)

de la centralisation pour qu'au bout de chaque
route on trouve la gare du chemin de fer, ou le
port de la voie navigable, et qu'enfin à tous les
aboutissants une porte large ouverte donne un
accès facile sur les mers qui baignent la France,
sur ces grands chemins de l'univers qui donneront
un jour à l'humanité la prospérité dans la paix,
lorsque les hommes comprendront la solidarité qui
les unit en dépit de leurs passions, lorsqu'ils ban-
niront de leurs cœurs ces haines hideuses dont le
développement a fait jusqu'ici la moitié de l'histoire du monde.

Les conditions de climat sont diverses, les pro-
ductions varient d'un pays à un autre ; les échanges
entre les peuples, aussi bien qu'entre les individus,
sont donc une loi naturelle. De même que nous
trouvons de grands avantages dans la division du
travail national (avantages cher payés quelquefois,
par fausse application du principe), de même il
est utile à l'humanité entière que chaque peuple
produise ce que son sol donne plus économique-
ment qu'un autre. Mais on conçoit le rôle que joue
le transport, lorsqu'il s'agit de distances telles
que la valeur des produits se trouve doublée,
quintuplée parfois, dans le passage du lieu
de production au lieu de consommation ; aussi
tout ce qui tend à l'économie de la construction maritime, à la prospérité du roulage

océanique, prend-il à nos yeux une importance extraordinaire.

Pour ce qui concerne nos ports, cette importance est d'autant plus grande qu'ils sont les ports naturels d'une partie de l'Europe centrale, en même temps que de la France elle-même ; ils sont par conséquent appelés à jouer un rôle immense dans le mouvement général du commerce, dans la liaison intime de tous les intérêts. Plus on étudie la carte de l'Europe, plus on est surpris qu'une grande navigation, sans lacunes, sans chômages prolongés, ne relie pas encore le Rhin à la Loire maritime.

Après avoir mis les choses dans leur véritable cadre, je crois pouvoir dire que l'hypothèse : *Nantes, port de cabotage*, semblerait bien étrange. Le grand mouvement qui aboutira par la vallée de la Loire à l'Océan, et remontera de l'Océan jusqu'au milieu de l'Europe, pivotera sur le point central des transbordements (de wagons et surtout de bateaux à navires, de navires à wagons et à bateaux). Ce point ne peut être qu'un grand marché, un grand atelier, c'est-à-dire ce qu'est déjà Nantes dans une certaine mesure. Le germe, ici déposé, s'accroîtra ici, en même temps que fonctionnera l'annexe de l'embouchure.

Saint-Nazaire. — Faut-il abandonner à eux-mêmes le port de Nantes et la Basse-Loire , et faire descendre les bateaux de l'intérieur jusqu'aux bassins de Saint-Nazaire ? — Poser la question c'est la résoudre, car la navigation sera toujours dangereuse pour la batellerie ordinaire au-dessous de Paimbœuf. Il serait chimérique de prétendre développer le mouvement dans la Loire en imposant soit des transbordements dans des gabares , soit des transformations du matériel naviguant à l'intérieur. Cette dernière solution est inadmissible, parce qu'un matériel plus coûteux , moins bien approprié aux circonstances ordinaires , ne peut être accepté en vue de quelques kilomètres de parcours.

Le contact des deux navigations nécessiterait, s'il pouvait avoir lieu à Saint-Nazaire, la création de nouveaux bassins, et avant qu'on ne s'y décidât la construction de nouvelles écluses , car il faudrait se mettre en mesure de faire entrer les bateaux aussitôt après leur arrivée sur rade (1). Enfin l'on ne peut se dissimuler que tout serait à créer, et l'on arrive forcément à conclure, au point de vue de l'intérêt général , en faveur de la

---

(1) Les gabares elles-mêmes ne sont pas toujours en sûreté lorsqu'elles ont à passer, chargées, une nuit en rade de Saint-Nazaire.

transformation du port de Nantes et de la Basse-
Loire, tout en se promettant de tirer grand profit
des bassins de Saint-Nazaire, station obligée des
très-grands navires et port d'attache des tran-
satlantiques.

Qu'on élève le regard, qu'on étudie le rôle commercial de la France en Europe, et Nantes appa-
raîtra dans l'avenir ce qu'il sera certainement :
grand marché, grand atelier, grand port maritime.
Saint-Nazaire marchera parallèlement , et son développement sera tel que personne aujourd'hui ne
l'oserait prévoir.

Glascow et Greenock. — Pendant l'année
1866 il est *entré* à Glascow 8,617 navires jaugeant 1,383,781 tonnes, dont 4,504 navires à
vapeur jaugeant 920,045 tonnes (sans compter les
bateaux desservant seulement la rivière). — Les
importations se sont élevées à 648,169 t., les expor-
tations à 839,131.

La position de Nantes n'est-elle pas plus favorisée par la nature que celle de Glascow ?

Pendant l'année 1865, il est entré dans le port
de Greenock 2,011 navires , non compris les
steamers de la rivière. « Le mouvement maritime
» du port de Greenock, situé vers l'embouchure de
» la Clyde, n'a point diminué depuis l'amélioration

» de cette rivière, dit un document anglais ; un
» chemin de fer trafique entre Greenock et
» Glascow, en concurrence avec la voie navi-
» gable, et trouve un vaste aliment à son
» entretien. » — Les anciennes protestations de
Greenock, contre les travaux de la Clyde, étaient
mal fondées à tous les points de vue.

Conclusion. — Le rôle de Nantes dans la
navigation générale est indiqué par la nature.
La position centrale de l'embouchure de la
Loire, sur les côtes européennes de l'Atlan-
tique, la désignent à toutes les marines comme un
point d'atterrissage obligé. Belle-Isle-en-Mer pro-
cure un abri merveilleusement approprié aux
besoins ; aussi voit-on déjà grand nombre de
navires se diriger sur ce point, de tous les ports
du globe, à ordres, et partir de là pour se rendre
au lieu que le télégraphe fait connaître. N'est-ce
pas un avantage, ajouté à tant d'autres, pour le
fleuve le plus important de notre territoire ; n'est-
il pas certain qu'une fois navigable pour les grands
navires, jusqu'à son principal port (point où
aboutit la batellerie), il recevrait sur ses eaux
une belle part des richesses qu'échangent les
continents ?

Pour développer la prospérité du centre de la

France, la transformation de son grand port maritime ne suffirait pas. Il faut encore rendre effective la liaison des canaux et des rivières canalisées, en donnant une vie réelle à la grande artère qui ne les relie que nominalement. — Un canal de jonction directe, entre les bassins de la Loire et de la Garonne, compléterait très-heureusement l'ensemble ; mais il faut d'abord aller au plus pressé, et je ne crois pas qu'une seule voix s'élève en France pour contester l'importance supérieure, l'urgence absolue, de la ligne de navigation intérieure Briare-Nantes, de la ligne fluvio-maritime Nantes-Saint-Nazaire.

« L'immense économie que réalise le travail
» silencieux des voies d'eau frappe moins les es-
» prits que les relations rapides des chemins de
» fer ; mais l'achèvement du réseau navigable est
» aujourd'hui l'intérêt le plus pressant de l'indus-
» trie et du commerce. »

LA LOIRE MARITIME.

Les travaux proposés, pour la transformation de la Basse-Loire, sont les suivants :

1° Un barrage éclusé, à quelques kilomètres au-dessus de Nantes, à établir de manière que rien ne soit changé au régime de la partie supérieure ;

2° La rectification et l'achèvement des digues entre ce barrage et le Pellerin ;

3° Le prolongement des digues jusqu'aux abords de la baie de Paimbœuf ;

4° Les dragages nécessaires pour abaisser le niveau de la basse mer de $1^m,45$ à Nantes. Ces dragages descendraient le fond du chenal à $1^m,20$ au-dessous du plan horizontal passant par le zéro de Saint-Nazaire, dans toute la longueur à partir de Nantes, et procureraient ainsi des profondeurs de 6^m,50 en vive eau et de 5^m,40 en morte eau [1], qui s'augmenteraient par l'effet des crues et des marées;

5° La création d'un vaste bassin à flot dans le port de Nantes. Ce bassin comprendrait toutes les surfaces actuellement fréquentées par les navires ; les bras correspondants seraient remplacés, pour l'écoulement des eaux, par un bras nouveau à creuser au Sud du port.

Sans entrer ici dans les détails, que l'on trouvera au projet, nous allons exposer les raisons qui permettent d'affirmer que l'état nouveau sera stable, que les résultats obtenus seront conservés sans grands frais d'entretien.

I. — Les marées et les côtes.

La navigation fluvio-maritime étant notre objectif, constatons les faits relatifs à la propagation de la marée dans les rivières.

Les courbes locales, indicatives du mouvement de la surface liquide aux divers points considérés, présentent des formes différentes suivant que

[1] La vive eau ordinaire correspond à 5^m,30 au-dessus du zéro de Saint-Nazaire, et la morte eau ordinaire à 4^m,20.

ceux-ci sont plus ou moins éloignés de l'embouchure proprement dite. La ligne des heures se divise en grandes sections (flot et jusant), de plus en plus inégales jusqu'à ce qu'enfin l'influence de la marée s'annule. Le point où le *courant* de flot cesse de se faire sentir est plus aval que le point où le soulèvement de la surface n'existe plus.

Les courbes longitudinales passant par les niveaux des hautes mers, et les courbes passant par les niveaux des basses mers, ne représentent le profil en long du fleuve à aucun moment, car plusieurs heures se sont écoulées entre l'instant du plein au Verdon, par exemple, et celui de la haute mer à Bordeaux. Nous appellerons ces courbes les *lieux géométriques des hautes ou des basses mers.*

Ces lieux géométriques présentent un intérêt sérieux, et un recueil qui les donnerait exactement, pour tous nos fleuves d'Europe, ferait faire un grand progrès à la science des rivières à marées, s'il était accompagné de plans et de profils exacts, et de renseignements sur les matières composant le fond. On serait frappé des différences extraordinaires entre les courbes des basses mers. — Si, au lieu de donner celles-ci pour des jours déterminés, une vive eau, une morte eau par exemple, on trace la ligne passant par les niveaux des plus basses mers observées, on aura ce que l'on peut appeler la *ligne des étiages*. Cette ligne correspond vers l'amont aux basses mers de morte eau, vers l'aval à celles de vive eau.

Sur la Gironde et la Garonne, la ligne des étiages est sensiblement horizontale du Verdon à Bordeaux. Sur la Clyde, la pente totale était de $2^m,63$ de Glascow à Port-Glascow, il y a soixante ans, et n'est plus que de $0^m,50$. Sur la Loire, la déclivité totale est de 3^m entre Nantes et Saint-Nazaire. — Les pentes des *lignes des étiages* n'existent en aucun moment de la marée, celle-ci n'étant plus basse à Saint-Nazaire lorsqu'elle l'est à Nantes. Pour se rendre compte des mouvements réels, il faut établir les *courbes momentanées*, c'est-à-dire les profils en long représentant la surface de l'eau pour une série d'instants déterminés, comme par exemple d'heure en heure, ou de quart-d'heure en quart-d'heure. On trouvera au projet tous les documents nécessaires, et notamment les courbes momentanées de la marée en Loire, état ancien et état nouveau.

L'action de la mer sur les rivages, les mouvements qu'elle imprime aux détritus varient beaucoup suivant les lieux. Les circonstances les plus importantes sont :

1° L'orientation par rapport au vent régnant ;

2° La nature géologique ;

3° La houle et les courants.

Orientation. — L'embouchure de la Loire
s'ouvre vers le sud-ouest, d'où vient le vent
régnant, ou mieux la résultante des vents. Cette
circonstance, jointe à la forme des côtes voisines,
annule les arrivages de détritus par transport
longitudinal. « Par la lame, que les vents creusent,
» refoulent et amènent souvent de distances con-
» sidérables, peut s'accumuler l'énergie d'une
» épaisseur énorme de l'air en mouvement. En se
» brisant à la côte ou sur des hauts fonds, cette
» force se manifeste par des phénomènes d'éro-
» sion (¹). » — D'après Lamblardie, le transport
des sables provenant de la trituration des roches
du rivage, nul quand la côte est perpendiculaire
au vent régnant, est maximum quand celui-ci fait
un angle de 45° avec le rivage.

Nature géologique. — Les lames de la mer
ne produisent que très-lentement la désagrégation
des côtes lorsqu'elles sont formées, comme en
Bretagne, de roches primitives. Par suite des

(¹) Voir la note A.

différences qui existent dans les actions destruc-
tives et dans les résistances, le rivage présente
une série de pointes et de creux, et les sables
se logent dans ceux-ci. Dans les parties où le
rivage s'abaisse, le vent les emporte et en forme
des dunes. Les côtes moins résistantes sont peu
découpées, les pointes étant détruites à mesure
qu'elles commencent à se prononcer.

Des rivages comme ceux de la Normandie,
composés de calcaire tendre et de rognons de
silex, sont rapidement rongés, ce qui donne lieu
à la formation de vases, de galets et de sable.
Un fleuve comme la Seine, débouchant dans ces
terrains, serait condamné à l'innavigabilité si la
grande hauteur des marées, s'ajoutant à l'action
des crues, ne contrebalançait les désavantages de
la position.

La houle et les courants. — « Le courant
général, dit M. Bouquet de la Grye (*Pilote
des côtes ouest de France,* tome I), longe
la côte du sud au nord. Il ne s'étend pas à
une grande distance au large. . . . . Ce courant rend dangereux la sortie de la Gironde et
les approches d'Oléron. En temps ordinaire, il n'a
pas une vitesse de plus de 1/2 mille à l'heure. On
a indiqué un contre-courant portant au sud le
long de la côte des Landes. Ce contre-courant

n'est qu'un accident particulier produit par la direction de la houle, qui vient ici frapper obliquement la côte, et ses effets ne se font pas sentir au-delà des brisans ; le transport des sables en est la seule conséquence pratique, et encore l'importance de ce fait a-t-elle été très-exagérée. » — « Les eaux troubles de la Loire tendent à s'échapper le long de la côte d'Escoublac ; mais les vents modifient souvent cette direction, en refoulant le débit de la rivière jusque dans la baie de Bourgneuf où le calme relatif donne lieu à des attérissements. Pendant les crues, les eaux jaunâtres du fleuve s'épanouissent en contournant Belle-Ile au large. »

LA LOIRE MARITIME.

II. — L'embouchure.

Quelles sont les circonstances qui déterminent le niveau du fond dans l'embouchure de la Loire, et particulièrement la hauteur de la barre? — Une embouchure de fleuve est une coupure formée dans la côte par des débits monstrueux, à des époques géologiques antérieures. Ces débits n'existant plus, l'action de la mer, surtout d'une mer à marées, prend une grande importance.

Si l'on était arrivé à un état d'équilibre, il y aurait une équation entre les courants de jusant et de flot, la houle du large et la lame locale, la forme et la nature des côtes et de la vallée, la position et le relief de la barre. L'équilibre ne pourrait d'ailleurs être absolu, car les actions sont variables et se combinent diversement. — La barre serait réglée par la lame si tout le reste était constant; elle serait la conséquence des crues, si les autres termes ne subissaient pas de variations.

Quels sont les éléments qui se modifient le plus ? — Le bassin de réception des marées, et par suite le flot et le jusant, ont subi des changements considérables; les modifications s'accentuent chaque jour, et si l'on suit les vieux errements, le port de Saint-Nazaire deviendra (dans un avenir éloigné) un port de cabotage. « A chaque dépôt en amont » correspond un banc en aval. C'est ce que l'on » peut remarquer sur la succession des cartes » levées à différentes époques, où les bancs des » Charpentiers, de l'Eve, de Bonne-Anse, ont » suivi la création en amont des îles de Carnet, » des bancs de Paimbœuf, etc. Mais en aval la » force énorme des lames intervient, et nous ne » trouvons que les anneaux épars d'un système » d'attérissement, qui s'avance vers l'amont à » mesure que les alluvions descendent. (*Rapport* » *sur les cartes hydrographiques.*) »

Pour avoir une bonne embouchure, il faut disposer convenablement le bassin de réception des marées, afin de prévenir son encombrement; à défaut d'une diminution des arrivages, provoquer la plus grande usure possible des sables fluviaux avant leur entrée dans la baie. La persistance des attérissements et, par suite, certaines détériorations dans la grande embouchure proviennent du séjour prolongé de ces sables : arrivant trop gros pour être portés sur les dunes ou à la mer, ils sont promenés en tous sens jusqu'à usure suffisante. Les mouvements sont intermittents, séparés par des fixations qui attardent chaque molécule dans la baie ; pour remédier au mal, il faut modifier les conditions de la descente entre Nantes et Paimbœuf. Le travail d'usure fait à l'intérieur laisserait plus de force disponible vers l'embouchure, et l'érosion se développerait en conséquence [1].

[1] « La grande embouchure (depuis Saint-Nazaire)
» s'est améliorée de 1821 à 1864. Le volume liquide
» au-dessous de basse mer, pour la partie sud, a
» passé de 334,250,000^{mc} à 389,500,000^{mc}. Dans le
» nord, les volumes sont 94,866,000 et 100,013,000^{mc} ;
» il y a encore amélioration dans l'ensemble de
» cette partie, bien que le fleuve réel, qui se ter-
» mine au banc des Morées, ait diminué. Le grand
» accroissement de la partie sud est entièrement dû
» à l'érosion de la lame qui a augmenté la profon-
» deur de 0^{m},62 en quarante-trois ans. — Le vent
» d'ouest domine, et la force d'érosion est d'autant
» plus puissante que la mer est plus large, et que la
» lame y trouve une profondeur suffisante pour se
» développer librement (Rapport déjà cité). »

Si cette embouchure n'avait derrière elle, au lieu d'une vallée, qu'une échancrure profonde, d'abord irrégulière et encombrée, où ne déboucheraient ni eaux ni sables d'amont, l'érosion par la mer ne se continuerait cependant pas indéfiniment; il viendrait un moment où la dépense de puissance vive par les actions moléculaires, accrue en raison du plus grand volume d'eau intérieure, ne permettrait plus à la lame de continuer l'affouillement de la baie. Une plage terminale se dessinerait, et un équilibre approximatif succéderait à la phase précédente. Il ne se produirait plus que de petites substitutions de sables, provenant de l'érosion des rives, aux détritus usés par le déferlement à la plage, et entraînés soit à la mer par le jusant, soit aux dunes par le vent.

Le régime ainsi établi, faisons déboucher les eaux et les sables du fleuve. Qu'arrivera-t-il ? — La crête de la plage sera abaissée, les sables rechargeront son talus et la baie. Ces sables étant supposés trop gros pour entrer facilement en suspension, ou pour être portés aux dunes des parties basses des rivages, on marcherait vers un encombrement complet si la force d'érosion de la mer n'intervenait pas. Le phénomène de la marée portera vers l'amont une partie de la puissance du vent, emmagasinée au large dans les eaux, puissance qui ne se fera sentir à basse mer que dans le bas de l'embouchure. — Cette renaissance du pouvoir visible de la mer résulterait de l'amoindrissement (par l'arrivée des sables fluviaux) du volume liquide exposé au premier choc de la houle. La baie, approfondie par un travail prolongé, était arrivée à un volume tel que les actions moléculaires suffisaient presque à l'absorption de la quantité de mouvement ; les vitesses de fond s'amoindrissaient graduellement, et la plage et les rives ne recevaient plus qu'exceptionnellement une action notable [1].

[1] Pour nous rendre compte des phénomènes compliqués de l'embouchure, nous venons de considérer l'action de la mer comme agissant d'abord, tandis que la formation première de la baie remonte aux grands courants arrivant de l'Est, dans une autre époque géologique. Mais de grands changements ont été opérés ensuite par l'action de la mer, qui paraît avoir dominé tant que de vastes espaces se sont offerts aux attérissements, dans le voisinage de l'estuaire. Le phénomène ne s'écarte donc pas autant qu'on pourrait le croire de la marche supposée ci-dessus. — De nos jours, l'accumulation des sables et des vases devient de plus en plus dangereuse, et l'on se demande quelle est la limite des détériorations possibles, quels sont les remèdes praticables. Suivant nous, le mal peut aller jusqu'à *Saint-Nazaire, port de cabotage*, la réforme jusqu'à *Nantes, grand port maritime*. — Il n'y a pas à compter beaucoup, pour

Dans la réalité, des irrégularités latérales, la présence de roches, etc., compliqueront par des désordres locaux le phénomène général; mais en somme celui-ci se résumera dans l'accumulation des sables fluviaux vers l'embouchure, jusqu'à ce que les pulvérisations soient suffisantes pour équilibrer les arrivages. Le phénomène de la marée dans l'intérieur contribuera directement au travail nécessaire, si l'on sait disposer les choses de manière que la partie fluvio-maritime devienne un bon atelier de trituration.

Lorsque le flot pénètre dans la Loire, des masses de vase arrivent avec lui de la mer, où le jusant les a portées; ces vases sont impalpables. C'est pendant les grandes crues que les limons descendent de l'intérieur des terres; les particules qui atteignent, par le temps calme, les parages où la lame et les courants ne se font sentir qu'exceptionnellement sur le fond, se tassent,

l'emmagasinement de la marée, sur les espaces séparés du bras régulièrement endigué, si ce n'est en ce qui concerne le réservoir du Migron, où l'action de la lame (après la destruction du barrage de Carnet) et le débit de l'Acheneau conserveront un vide important. Le projet de 1851 ne conduirait pas au but, car le peu de relief des digues ne compenserait plus le défaut d'écartement, lorsque les surfaces latérales seraient attéries.

durcissent et deviennent immobiles. Les autres sont en partie ramenées dans le fleuve ; cette action est favorisée par les variations des marées, le flot de vive eau ayant, sur des points où le jusant de morte eau se trouvait très amorti, des vitesses suffisantes pour remettre en suspension les dépôts vaseux récents.

Pendant les étales de haute mer, des vases se déposent à l'intérieur du fleuve, jusqu'au point où le flot se fait sentir à la fois par l'intumescence et par le contre-courant. Ces dépôts sont principalement à craindre pendant les vives eaux, sur les points que n'atteindront pas les marées suivantes ; dans l'estuaire ils seront souvent prévenus par la lame, et dans l'intérieur ils perdront toute importance lorsque la rivière sera régulièrement endiguée (¹).

Si le tracé est mauvais, si l'on a provoqué arbitrairement l'avancement de certaines parties des rives, la formation de certaines îles, il y aura des points où les courants s'amortiront, ce qui facilitera les dépôts et leur consolidation. Le régime marin tendra vers une destruction graduelle, qui rapprochera de plus en plus de la mer la partie purement fluviale du cours d'eau.

(¹) Un lit bien réglé ne comportera de dépôts vaseux persistants que sur la partie supérieure des talus des rives ; partout ailleurs des vitesses notables remettront en suspension avant tassement.

Les meilleures conditions, au point de vue
spécial de la sortie des vases amenées par le flot,
se résument dans ces mots : *la régularité des
rives*. Mais il ne s'agit pas d'une régularité élé-
mentaire, telle que le parallélisme ou la conicité
simple.

Supposons que les élargissements successifs,
dans la partie maritime du fleuve, soient réglés
proportionnellement à la distance au point limite
du flot. Le débit de marée par un profil s'augmentera en même temps que cette distance, et en
outre sera d'autant plus fort que les largeurs
seront plus grandes en amont du profil considéré.
Les deux facteurs variant dans le même sens,
on voit que la forme simplement conique ne rem-
plirait pas *en été* les conditions du problème,
puisque les sections ne grandiraient pas aussi vite
que les débits à mesure qu'on s'avancerait vers
l'aval ; les largeurs d'amont seraient trop grandes
comparativement aux autres, et par suite les profondeurs plus petites. Pour égaliser ces profondeurs, la largeur fluviale et celle de l'entrée en
baie étant données, on passera de l'une à l'autre
par un élargissement de plus en plus rapide.

Les dispositions les plus favorables, pour l'établissement et le maintien des profondeurs dans un fleuve
comme la Loire, peuvent se formuler comme suit :

1° Embouchure bien orientée , enfilée par le vent régnant , sur une côte difficilement attaquable ; 2° diminution bien calculée de la largeur, à mesure qu'on s'éloigne de la baie.

Sur le premier point , la nature fait tout ; mais l'art doit intervenir pour réaliser le second : L'axe sera déterminé par des considérations diverses ; on en étudiera d'abord le tracé séparément , en ayant soin de respecter la loi de la variation graduelle des courbures (proscription des lignes droites et des arcs de cercle). Ensuite, de part et d'autre de deux lignes parallèles à cet axe , distantes de la largeur purement fluviale, on appliquera les demi-élargissements successifs , donnés par une loi que nous avons définie dans son caractère essentiel, et que nous traduirons ci-après dans une formule.

La largeur de l'embouchure proprement dite est, en général, une dimension qu'on ne peut modifier. Lorsque le vent régnant vient du large et que la lame aborde cette embouchure de plein fouet, avec toute la force qui résulte de l'emmagasinement de l'action de l'air, la barre d'un grand fleuve, dans une mer où les marées ont de l'importance, ne peut dépasser un certain niveau, qui dépend surtout du volume et de l'état des arrivages d'amont. Les sables marins n'interviennent pas et les sables fluviaux se répartissent dans le vide intérieur. Le jusant les descend, le flot et la lame les repoussent, puis le jusant les ramène, jusqu'à ce qu'enfin la ténuité devienne suffisante pour l'entraînement au large ou sur les dunes.

Supposons qu'on torture la Loire plus encore qu'on ne l'a fait jusqu'ici, que les riverains fassent de nouveaux empiétements (1), provoquent la création de nouvelles îles entre Nantes et Saint-Nazaire. Les dépôts intérieurs de vase prendront de plus grandes proportions, les sables se fixeront en plus grande quantité ; non-seulement le volume du flot diminuera, mais encore la puissance vive utile de chaque mètre cube deviendra moindre ; la gros-

(1) « Aux siècles derniers, la navigation était peu » de chose et la culture tendait à naître ; la création » d'un champ au bout d'un champ, d'un pré rem- » plaçant un marais, était accueillie avec des béné- » dictions. A mesure que le sol a pris plus de valeur, » la conquête sur un fleuve tenu pour capri- » cieux, et qu'il importait de dompter, est devenue » plus importante. Bien des fascinages ont été pla- » cés, bien des épis jetés à la mer (qui devenait » rivière), pour gagner sur elle et favoriser la créa- » tion d'îles. — Les doléances ne pouvaient se » produire que beaucoup plus tard, et la navigation » n'était pas plus une puissance que l'hydraulique » un commencement de science. (Rapport déjà » cité.) »

seur moyenne des sables sera plus grande dans la baie et la barre s'exhaussera. Celle-ci, se prolongeant dans l'intérieur, formerait finalement une plage dans laquelle les eaux du jusant et du flot entretiendraient des passages étroits et sinueux, à seuils plus élevés que la barre actuelle.

Dans la grande embouchure de la Loire, comme dans la baie intérieure (ou baie de Paimbœuf), le courant de jusant ne se fait pas sentir également sur toute la largeur, surtout vers la fin de la marée descendante. Cette largeur est considérable eu égard au débit, et il se forme des chenaux dont l'emplacement résulte de diverses circonstances, notamment de la forme des rives. La même impuissance à agir suffisamment sur le lit des baies existerait pendant le flot, si le temps était toujours calme, et des îles ne tarderaient pas à envahir ces grands espaces sans l'action de la lame. — L'essentiel est de disposer les choses, entre Nantes et l'embouchure, de telle manière que la trituration des sables soit plus avancée lorsqu'ils arrivent dans celle-ci.

La vitesse de propagation du flot dans l'intérieur est fonction de la profondeur d'eau (loi de Lagrange et de Scott Russell) ; la possibilité de l'introduction d'un plus grand volume de marée, par chaque mètre de largeur, résulterait de l'accroissement des profondeurs au-dessous de la basse mer , et de l'abaissement du niveau de celle-ci. Si les hommes ont la maladresse d'entraver la sortie des sables et des vases , ce qu'ils ont précisément fait dans la Loire, il en pourra résulter une moindre hauteur de la marée vers l'amont de la partie maritime, bien que l'encombrement ait pour conséquence (en relevant l'étiage) de diminuer le volume du flot pour une même hauteur absolue. On peut espérer l'exhaussement de la haute mer après régularisation du bras principal, surtout si la fermeture des faux bras en amont provoque de nouveaux attérissements dans ces espaces, car la plus facile propagation de la marée ne serait plus atténuée par les remplissages latéraux.

En amont des baies, l'emmagasinement est proportionnel à la régularité de la rivière, toutes choses égales d'ailleurs. La moindre faute commise a les plus fâcheuses conséquences : supposons qu'on s'imagine de constituer une île prenant le tiers de la largeur du fleuve, sur un point où les bords de celui-ci sont trop écartés, au lieu de prendre ce tiers à droite et à gauche, en se bornant à établir un meilleur tracé des rives. On aura provoqué une entrave directe à la propagation du flot, et la hauteur du plein sera moindre en amont que si l'on eût opéré latéralement. Par conséquent, la navigation souffrira : à l'aval parce qu'on ne profitera pas , pour le déblaiement du fond, d'un aussi grand débit dans les deux sens, et en outre à l'amont parce que la dénivellation sera diminuée.

Si au lieu d'une faute isolée on en commettait une série ; si l'on divisait arbitrairement le débit des crues ordinaires au profit des faux bras, pour ensuite les concentrer de nouveau dans un bras unique, on conçoit que les crues agiraient de manières fort différentes sur les diverses parties du chenal [1]. Ici le niveau moyen du fond serait abaissé, là exhaussé,

[1] En cas de changements dans les largeurs du bras principal (par suite de division du débit), en rapport avec les conditions d'écoulement d'une certaine crue, les débits d'étiage et ceux des crues différentes ne seraient pas proportionnés aux largeurs diverses.

Il faut étudier le tracé des rives de la Loire maritime en vue des débits et des marées d'été. Cela conduit à endiguer régulièrement et à abaisser l'étiage, pour augmenter le débit par mètre courant de largeur du bras navigable. On obtient un résultat indirect d'une importance extraordinaire : la concentration des crues jusqu'à des débits considérables dans le lit du fleuve. L'action des crues abaissera le fond jusqu'en des points de plus en plus aval, suivant les débits plus ou moins grands. Les crues moyennes pourront donner lieu à des dépôts aux abords de la baie ; mais ils seront sans danger parce

et sur certains points des amas irréguliers se formeraient. Lorsque les crues ne seront que juste suffisantes pour opérer sur un bras unique, on prévoit
facilement ce qui arrivera dans les parties où la
rivière se divise, sans que le bras principal soit plus
étroit, ou sans que la différence soit proportionnelle
au partage. D'un autre côté, si l'on calcule la largeur en vue d'une crue déterminée, elle ne conviendra plus lorsque les circonstances seront différentes.
Il faut donc conclure en faveur de la réunion de
toutes les eaux dans un seul bras, dont le tracé

que : 1° On se trouve alors dans des largeurs telles
que ces dépôts ne correspondront qu'à des épaisseurs
minimes; 2° les sables seront remontés par le flot
en temps d'étiage, et viendront se loger dans les parties
fouillées au-dessous du profil normal; le mouvement
de va et vient (qui précédera la fixation provisoire)
les usera de manière à faciliter leur sortie ultérieure.
— L'abaissement de l'étiage augmente d'ailleurs la
dénivellation des marées, en même temps que la
profondeur sous basse mer.

Dans la Loire maritime bien aménagée, les
crues extraordinaires (*) seules dépasseront de beaucoup, vers Nantes, le niveau des rives et digues.
Elles seront totalement concentrées dans le voisinage de la baie.

(*) On pourrait qualifier ces crues de décennales, car
les dernières ont eu lieu en 1846, 1856 et 1866.

reste à étudier soigneusement, lorsque des intérêts locaux n'obligent pas à conserver (ne fût-ce que comme ports d'échouage, abordables seulement par les petites barques en vive eau) des réservoirs de marée latéraux. Le flot pénétrerait dans ces réservoirs par un orifice aval, mais la séparation du bras navigable devrait partout ailleurs être complète, afin qu'il n'y eut pas une goutte d'eau détournée pendant le jusant, même au moment des crues moyennes. — L'application absolue de la théorie du bras unique procurerait de plus grandes profondeurs, dans la Loire maritime, que le système mixte du bras navigable accompagné de réservoirs latéraux. Il serait à désirer que l'on pût condamner ceux-ci à disparaître, lorsqu'on les aurait utilisés pour loger des sables pendant la phase de transition [1]. L'emmagasinement gagnerait, par la plus grande hauteur de la marée, ce qu'il perdrait par ailleurs ; on n'aurait pas à compter avec les variations des largeurs à l'aval des orifices, variations qui ne peuvent être rationnellement calculées que pour des circonstances déterminées, en dehors desquelles on se trouvera presque toujours.

L'embouchure ne peut que s'améliorer, à la suite

[1] Ceci ne s'applique pas au réservoir du Migron qui reçoit l'Acheneau, etc., et qui sera entretenu vers l'aval par l'action de la lame.

de travaux intérieurs ayant pour effet un abaissement graduel de l'étiage, c'est-à-dire l'horizontalisation approximative du lieu géométrique des basses mers. — Le projet est combiné de telle manière que l'introduction de la marée ne soit pas diminuée en vive eau, qu'elle soit augmentée en morte eau d'étiage, et aussi pour toutes les marées pendant les crues du fleuve. Les vitesses du flot seront accrues, et les sables n'arriveront à la baie qu'à la suite de mouvements alternatifs beaucoup plus multipliés; leur ténuité plus grande hâtera leur sortie définitive, et par suite l'encombrement sera moindre dans les parages de l'embouchure. C'est ainsi que l'amélioration de l'intérieur se fera sentir jusqu'à la mer, comme aujourd'hui le désordre du fleuve est accompagné de phénomènes inquiétants dans la baie.

LA LOIRE MARITIME.

III. — L'endiguement et l'abaissement de l'étiage.

La Loire maritime ne reçoit de sables que de l'amont. La Seine est un type de fleuve encombré par l'aval, et la Gironde réunit les deux ordres de faits réduits à des proportions moindres.

Les sables de la Loire proviennent, principalement, des alluvions qui forment le sol des vallées de la Loire et de l'Allier. Les affluents inférieurs, le Cher, la Vienne, la Maine, ne fournissent que peu de détritus; il en résulte que les crues de ces rivières poussent les sables vers l'aval sans que ce travail soit contrebalancé par de nouveaux apports. L'état du fleuve se modifie, par conséquent, suivant l'importance relative des crues des divers affluents.

La pente superficielle de la Loire est très variable; entre la Maine et la partie maritime, le maximum kilométrique est 0,44, et le minimum 0,01. Si l'on rapprochait les stations du nivellement, on trouverait des différences encore plus grandes. Ces pentes se rapportent aux basses eaux, mais il y a des variations considérables en tout temps. — Les inégalités arbitraires de largeur, les partages différents du débit entre le lit et la plaine pendant les crues (par suite de la hauteur variable des berges, etc.), amènent de considérables inégalités dans le *débit de sable par des profils voisins,* pour une hauteur donnée du fleuve. Comme le débit total, pour une année par exemple, est à peu près le même en ces divers points, il faut que le travail de l'eau s'exerce dans de meilleures conditions pour certains états de la rivière, aux endroits où il était le plus défectueux à d'autres moments sous le rapport du transport du sable.

Prenons un exemple simplifié :

Soient trois profils en travers A, B et C, le premier de 150^m de largeur, le second de 300^m et le dernier de 150^m, entre les digues insubmersibles d'un canal à fond de sable, dans des conditions identiques quant au tracé. Nous trouverons, à la fin de la saison des crues, une fosse en A, un seuil en B. Les pentes d'étiage différeront essentiellement : presque nulles dans le réservoir A, elles seront très fortes sur le rapide B. Le sable s'écoulera peu à peu, pendant la saison des basses eaux et des petites crues, de B dans la fosse suivante C ; le débit solide sera minimum en B pendant les crues moyennes et grandes, et l'équilibre des débits annuels de sable se rétablira. On voit clairement que l'intérêt de la navigation réclame la suppression des grandes inégalités de largeur supposées, et l'on ne peut que s'étonner d'en trouver de semblables dans certaines parties de rivières pourvues de digues, avec cette circonstance aggravante qu'elles sont parfois en sens contraire des inégalités moindres que motiverait le tracé.

Des variations modérées de la pente, des débits de sable sensiblement égaux aux divers points, pour chaque état du fleuve, et par suite une bonne navigation, telles seraient les conséquences d'un endiguement bien réglé, dans un cours d'eau comme la Loire. Seules, les grandes crues débordées donneraient encore lieu à des désordres qu'il est impossible de prévenir complètement.

Dans le cas où le résultat obtenu ne suffirait pas aux besoins de la navigation, on diviserait la rivière en biefs par des barrages mobiles, fonctionnant seulement pendant les basses eaux. Mais (il est très important de le remarquer), *la nécessité du règlement de la rivière par l'endiguement n'existerait pas moins.* En effet, l'encombrement se produirait sans cela aux profils B pendant les crues, et de deux choses l'une : ou B se trouverait après le relèvement des barrages vers l'extrémité amont d'un bief, et alors la navigation souffrirait pendant un temps ; ou il se trouverait vers l'aval, et alors le transport en basses eaux ou par les très petites crues, nécessaire pour rétablir l'équilibre annuel des débits de sable, ne se produirait plus. La crue suivante augmenterait le désordre, et lui donnerait un caractère de gravité qu'il n'aurait pas eu sans l'application du système des barrages mobiles.

Voyons maintenant ce que devient, dans la partie maritime du fleuve, la question des débits de sable.

Les débits d'eau varient en chaque profil, à chaque instant, ce qui a fait dire à un Ingénieur que les éléments du problème à résoudre « échappent à tout calcul, à toute appréciation » rigoureuse. » Nous avons montré ailleurs comment on peut déterminer les débits, en chaque point d'une rivière à marée, pour un moment quelconque, au moyen de simples observations à des échelles et de calculs de cabinet (¹). Par suite, on établit les courbes des débits dans telles circonstances que l'on veut, vive eau, morte eau, temps de crue ou d'étiage, et pour un nombre quelconque de profils en travers. La méthode rigoureuse qui conduit à ce résultat est aujourd'hui suffisamment connue, et nous n'y reviendrons pas. Remarquons seulement qu'elle permet de construire, approximativement, les courbes des débits pour un état nouveau du fleuve.

Soit une rivière maritime irrégulière, encombrée, qu'il s'agisse d'améliorer. On commencera par étudier le tracé en plan d'après la méthode des élargissements progressifs, en partant de la largeur fluviale pour aboutir à la baie par un raccordement bien ménagé. Ensuite, on établira le profil en long du lit nouveau suivant la profondeur d'eau demandée, en supposant que le lieu géométrique des hautes mers soit une ligne horizontale, passant pour chaque marée par la cote atteinte à l'embouchure. Si de grands déblais dans le lit résultent du profil supposé, on les limitera à l'amont en proje-

(¹) Voir notre Rapport sur la transformation de la Basse-Loire, publié par la Chambre de Commerce de Nantes, page 108. — Voir aussi le Mémoire inséré dans les *Annales des Ponts et Chaussées* (1865, 1er semestre), et les ouvrages de MM. Partiot et de Lagrené.

tant un barrage éclusé, à une certaine distance au-dessus du port où l'on veut faire remonter les navires.

Procédant par vérification, on cherchera quelles vitesses produiraient les marées et les crues, aux divers profils en travers, dans le lit transformé. Pour cela, on établira d'abord les conditions de la propagation de la marée, définie par la courbe locale de l'embouchure, en appliquant la loi de Lagrange et de Scott Russell (¹); on tracera les courbes momentanées, par exemple de quart-d'heure en quart-d'heure, et par suite les courbes locales. Appliquant alors la méthode des cubages, on obtiendra les courbes des débits en chaque point du fleuve. Enfin, des courbes des débits et de celles des hauteurs on déduira les courbes des vitesses moyennes, dans la rivière endiguée et approfondie. La comparaison de ces

(¹) M. Bazin a vérifié cette loi, relative à la propagation d'une onde, puis reconnu qu'un courant projeté dans un canal rempli d'eau en mouvement se comporte de même. — On supposera qu'à l'embouchure la marée s'élève brusquement, au milieu de chaque unité de temps, de la quantité donnée par la courbe locale; les résultats seront applicables au phénomène réel, en adoptant une unité de temps suffisamment petite (voir le mémoire de M. Partiot sur les marées).

courbes avec celles de l'état ancien fera connaître les stabilités relatives de celui-ci et de l'état
nouveau, obtenu par hypothèse au moyen de l'endiguement et de dragages. En cherchant les rapports
des vitesses aux profils successifs , pour les deux
états du fleuve et pour divers débits d'amont, on
saura si le nouveau lit présentera plus ou moins de
variations que l'ancien, et quelles différences il faut
prévoir dans les débits journaliers de sable par les
divers profils en travers.

L'abaissement de l'étiage, combiné avec la régularisation en plan (élargissement progressif en
s'avançant vers la mer), et avec l'égalisation des
hauteurs des berges et des digues, conduira né-
cessairement à de plus grandes profondeurs (¹).
Le secret de l'amélioration des rivières à ma-

(¹) Nous ne sommes plus seuls à soutenir la con-
nexité entre l'amélioration de la Loire maritime
et l'abaissement de l'étiage (abaissement que les
Ingénieurs déclaraient, il y a quelques années,
devoir être prévenu). — Voici, en effet, ce qu'on lit
dans le *Pilote des côtes de France* (publication
nº 464 du Ministère de la Marine, 1869) : « Les étiages
» de la Loire sont des choses variables suivant la
» constitution des îles et des bancs. Toute améliora-
» tion de la Loire, en approfondissant le chenal ,
» entraînera forcément à diminuer les chiffres des
» étiages (hauteurs des plus basses mers aux différents
» points au-dessus du zéro de Saint-Nazaire). »

rées réside dans l'augmentation du débit par mètre courant de largeur $\frac{D}{U} = d = H.\ U,$ et dans le passage de la largeur fluviale à celle de la baie en suivant une progression bien réglée (les débits de marée s'accroissant de plus en plus vite, à mesure qu'on approche de la mer).

Dans beaucoup de fleuves, on peut agir sérieusement sur la hauteur de l'étiage. L'endiguement et les dragages ont donné $2^m,13$ d'abaissement du niveau de la basse mer au fond du port de Glascow, et $0^m,75$ vers l'extrémité des digues (¹). De

(¹) Pente totale de la ligne des étiages réduite de $2^m,63$ à $0^m,50$. — Dans la Loire, pente totale de 3^m entre Nantes et Saint-Nazaire; d'après le projet de transformation, on la réduirait à $1^m,55$. Cette partie conservée de la pente totale rassurera les personnes qui, ne tenant aucun compte des faits observés sur la Gironde - Garonne, etc., croient encore à la nécessité d'une pente du lieu géométrique des étiages, dans les rivières à marées. La diminution de $1^m,45$ suffira pour maintenir $6^m,50$ de tirant d'eau en vive eau ordinaire, parce que la marée est bien plus forte à l'embouchure de la Loire qu'à celle de la Clyde. — Les $0^m,75$ d'abaissement de l'étiage au bout des digues de celle-ci, *avec réduction graduelle jusqu'à zéro en aval,* démontrent la possibilité de l'abaissement de $0^m,53$ indiqué à Paimbœuf, après endiguement jusqu'à la Tour de Bouée, et dragage jusqu'au point où l'on trouve dans le chenal $1^m,20$ au-dessous du zéro de Saint-Nazaire.

l'abaissement gradué des basses mers résulte une diminution des pentes pendant le jusant, et une augmentation des contre-pentes pendant le flot. Ce sont deux faits importants, dont nous allons étudier les conséquences.

Jusant. — La diminution des pentes concorde avec l'augmentation des profondeurs et le maintien des vitesses. En effet, la formule Darcy peut être mise sous la forme :

$$I = U^2 \times \left(\frac{a}{H} + \frac{b}{H^2} \right)$$

I étant la pente superficielle par mètre, U la vitesse par seconde, H la profondeur, a et b des coëfficients numériques dont les valeurs sont 0,00028 et 0,00035. — On voit qu'à égalité des U les valeurs de H augmentent lorsque celles de I diminuent, et réciproquement ; celles-ci diminueront plus encore si les U deviennent plus petits. — Supposons le lit approfondi de main d'homme, au moyen de dragages (c'est le cas de la Clyde), les vitesses d'équilibre avec la résistance du fond correspondront, d'après la formule, à de plus petites pentes. Il se produira donc un abaissement gradué du niveau de la basse mer, maximum dans le haut de la partie maritime (sans quoi les I ne seraient pas amoindris), et une augmentation des débits d.

L'accord existera dans toutes les parties du phénomène, car $D = L.H.U$ donne $H = \dfrac{D}{L.U} = \dfrac{d}{U}$. Il résulte de cette équation que l'augmentation de la profondeur doit se produire avec l'augmentation du débit par mètre courant de largeur, ou avec la diminution de la vitesse, ou mieux encore avec ces deux faits réunis. Or, le dragage et l'endiguement produisent l'augmentation de d, et celle-ci s'appliquant au flot et au jusant provoque une plus grande usure des sables, et par suite la diminution dans leur ensemble des vitesses d'équilibre U. — Dans la partie fluviale l'accroissement de d ne peut résulter que de la diminution de L, tandis que dans la partie maritime il serait en outre la conséquence d'une plus grande dénivellation.

Afin d'accroître le plus possible le débit par mètre courant de largeur de rivière : $d = \dfrac{D}{L} = H.U$, on supprimera tout débit par des bras secondaires, hors le temps des grandes crues. Pour cela, l'abaissement de l'étiage et l'égalisation des hauteurs de rives et de digues sont des procédés tout indiqués. Le premier améliorera forcément la navigation maritime dans le fleuve, parce qu'il coexiste avec :

1° Une plus grande profondeur à basse mer;

2° Une plus grande dénivellation des marées.

Le second procédé (qui serait également utile dans la partie fluviale) aura pour effet, concurremment avec le premier, de diminuer la largeur sur laquelle se répartit D pendant les crues moyennes, et par suite contribuera au déblaiement du lit. Il préviendra les variations brusques du pouvoir de transport des sables, d'un profil au profil voisin.

On peut réaliser une certaine amélioration, dans la partie fluviale des rivières à fond mobile, au moyen de l'endiguement seul. Une première approximation des résultats possibles serait obtenue en adoptant, avec une hauteur convenable des rives, une largeur uniforme bien calculée pour chaque section de la rivière (c'est-à-dire d'un affluent au suivant). Si le débordement n'avait pas lieu pour de trop petits débits, et s'il était provoqué en chaque point par le même D, l'égalité des d, ou des $H.U$, produirait celle des H. Mais on remarquera qu'une même profondeur *moyenne*, dans tous les profils en travers, n'est pas ce qu'il faut avoir, puisque la variation des courbures du tracé modifie la forme de ces profils, entre les figures extrêmes du triangle et du rectangle, d'où résulteraient des différences considérables dans le tirant d'eau aux divers points du thalweg, à valeurs égales de H. On est conduit à chercher une plus grande profondeur *moyenne* aux points d'inflexion et de surflexion (voir le mémoire de M. Fargue, *An-*

nales, 1868), et par conséquent à admettre des rétrécissements périodiques modérés (voir notre rapport de 1869, p. 33). — Dans la partie maritime, on ne rétrécira la rivière aux points d'inflexion qu'avec beaucoup de réserve, et en adoptant certaines précautions que nous avons expliquées ailleurs, parce qu'il ne faut pas entraver la propagation du flot.

Un tracé qui procurerait en aval des valeurs de d égales ou supérieures à celles d'amont, pendant les basses eaux du fleuve, serait excellent ; par suite des plus grandes largeurs, une même action par mètre donnerait une puissance de transport croissante, à mesure que l'on considérerait un profil en travers plus aval. Cela concorderait avec le plus grand débit des vases, et serait tout-à-fait avantageux quant aux sables ; les crues pouvant laisser des dépôts aux abords de la baie, tout serait pour le mieux si les marées d'été agissaient en sens inverse.

En procédant par vérification, on a trouvé qu'on arrive au but en calculant l'élargissement par la formule : $y = p \cdot x^2$, dans laquelle y est l'excès de la largeur sur celle de la partie fluviale, p un coëfficient numérique qu'on obtient par la condition d'aborder la baie avec un écartement déterminé des digues, et x la distance au barrage-limite. En appelant l la largeur fluviale, on aura

pour un point quelconque de la partie maritime :
$$L = l + p \cdot x^2.$$

Afin de prévenir un débordement prématuré des crues, on réglera les digues au niveau des prairies. Les bras secondaires qu'on pourrait conserver ne communiqueront que par l'aval avec le bras principal, comme on l'a expliqué : il y a toujours grave inconvénient à céder aux réclamations des intérêts particuliers, tendant à ce qu'on s'écarte de cette règle ; nous pourrions le prouver par des exemples. Si des intérêts sérieux nécessitent des communications supplémentaires, il convient d'y pourvoir au moyen d'écluses, vers l'amont des bras-réservoirs. — L'arbitraire des solutions adoptées sur plusieurs fleuves, quant à la hauteur et à l'espacement des digues, est une chose bien regrettable ; il serait facile de montrer, à côté de chaque désordre partiel, la cause qui l'engendre.

Flot. — L'abaissement de l'étiage, nul à l'embouchure, maximum dans le haut de la partie maritime, donne lieu à des pentes plus fortes pendant la période du flot. Cet effet sera masqué si le fleuve, dans son ancien état, est encombré de manière que de fortes déclivités résultent de l'entrave à la propagation de la marée, cause bien différente de celle qui agira sur l'état nouveau (l'importance du vide à remplir). Les pentes du flot sont actuellement plus grandes dans la Loire que ne le comporterait le volume introduit, si des îles et autres obstacles n'existaient pas ; une partie de la chute est employée à vaincre les frottements supplémentaires résultant de ces obstacles. Les valeurs I à introduire dans l'équation seraient donc supérieures, pour l'état nouveau, alors même qu'elles seraient simplement égales aux valeurs brutes de l'état ancien, puisqu'on n'aurait pu appliquer à celui-ci la relation entre I, H et U qu'après retranchement de la ΔI usée par le supplément d'entraves.

Les débits de flot seront augmentés par les travaux, *pour chaque mètre de largeur de chaque profil*, puisque l'onde-marée se propagera plus facilement. En mettant la formule Darcy sous la forme : $\frac{I}{U^2} = \frac{a}{H} + \frac{b}{H^2}$, on voit que l'augmentation supposée de H (conséquence directe de l'état de choses créé par le dragage) exige que $\frac{I}{U^2}$ diminue ; I augmentant, U s'accroîtra d'autant plus. La grande valeur du produit $H \cdot U = d$ s'accorde avec cette déduction ; *on voit que la puissance de remonte des sables par le flot s'accroîtra davantage, en été, que celle de descente par le jusant.* — Si l'endiguement régulier n'accompagnait pas le dragage, une diminution brusque des pouvoirs de transport se produirait sur quelques points et l'on aurait par suite des accumulations locales; l'effet des dragages disparaîtrait bientôt. Avec la variation bien calculée des largeurs, au contraire, les transports auront lieu sans qu'il puisse en résulter de dépôts exceptionnels en certains endroits.

Il n'est pas possible d'égaliser les débits de sable, aux divers profils en travers de la partie maritime, pour chaque état du fleuve. Pendant les crues ordinaires, la puissance de transport s'amortit dans les grandes largeurs aux approches de la baie; il y a plus d'arrivées que de départs. Mais les dépôts se répartissent sur de grandes surfaces, ce qui rend l'exhaussement insignifiant *lorsqu'il n'existe pas de variations brusques dans les largeurs.* Il faut combiner les choses en vue du déblaiement, pendant les basses eaux du fleuve, des surfaces précédemment rechargées ; c'est ainsi que les dispositions de l'avant-projet correspondraient à plus de 7^m en été sous la haute mer de vive eau, aux abords de la Tour de Bouée. Les profondeurs d'aval seraient amoindries pendant les débits moyens, qui par contre creuseraient en amont un vide où le flot d'été pourrait sans inconvénient ramener des sables. La même succession des résultantes du va et vient journalier se reproduirait indéfiniment. Le jusant, avec son volume total supérieur, ne peut être momentanément dominé par le flot ([1]), même en été, qu'en raison de ses vitesses plus longtemps impuissantes à mettre les sables en mouvement ; mais ces sables échappent à la balance en remonte à mesure que leur ténuité augmente, et la résultante positive des mouvements de chaque marée complète s'applique à des grains de plus en plus gros (pour un même profil en travers) quand l'appoint fluvial s'accroît. Lorsque les crues déborderont dans le haut de la partie maritime (ce qui d'ailleurs aura lieu plus tard qu'au-dessus du barrage), les eaux extravasées reviendront graduellement au chenal dans le bas du fleuve ([2]) ; le débit par mètre de largeur du lit diminuera d'autant moins, en comparant un profil à un autre plus amont, que le débordement aura plus d'importance : d' différant peu de d, la plus grande

([1]) L'action de remonte des sables s'amortit vers l'amont, et l'on arrive à un certain point où elle est nulle ; *mais ce point est essentiellement mobile, suivant la marée et le débit fluvial.*

([2]) La rentrée graduelle ne s'opèrera pas avec une régularité mathématique, mais les anciennes inégalités proportionnelles seront très réduites, surtout si l'on ne transige pas quant aux fermetures à l'amont des bras secondaires.

largeur sur laquelle il opère, et la moindre hauteur sur laquelle il se répartit, lui assurent plus de
puissance. — On arrive ainsi à cette conclusion :
que les crues exceptionnelles déblayeront le lit
vers l'extrémité des digues, comme le feront les
marées en temps d'étiage : dans ce dernier cas,
parce que le flot remontera les détritus dans les
fosses produites par les crues ordinaires ; dans
le premier, parce que l'écoulement des sables vers
l'aval dépassera l'arrivée.

Pour comprendre l'ensemble du phénomène, il ne
faut pas perdre de vue que les fleuves sont souvent
en crue, et que par suite l'intégrale annuelle des
actions tendant à descendre les sables sera toujours supérieure à celle des actions contraires.

Nous avons vu que la puissance du jusant pour
le transport des sables serait augmentée, mais qu'en
temps d'étiage cette puissance s'accroîtrait moins
que celle de la remonte. Combiné avec l'action des
crues, qui assure la dominance finale de l'effet
de descente, cela favorise l'usure des détritus,
nécessaire au point de vue de l'embouchure. Pour
concevoir l'existence momentanée d'une balance
en remonte, il faut remarquer que les $\int m.\ U^2$
comprennent des termes à éliminer, puisqu'au-
dessous des vitesses de fond $0^m,25$ pour le roule-

ment, et $0^m,55$ pour la suspension des sables, les transports sont à peu près nuls. Il est donc possible que, malgré l'appoint d'un certain débit fluvial, l'action du flot domine ; il suffit pour cela que les petites vitesses aient moins de durée que dans le jusant. Cent millions de mètres cubes débités en moins de temps, répartis d'une certaine manière, auront plus de puissance effective que cent cinq millions dans d'autres conditions. L'action de la lame s'ajoutera à celle du flot, et elle aura d'autant plus d'importance que les entraves à sa propagation seront plus réduites, mais l'usure des sables et la concentration des crues viendront en aide au jusant : le minimum des vitesses utiles s'abaissant, l'importance relative du facteur m s'accroîtra.

Les crues exceptionnelles emporteront des masses de détritus usés, et pousseront des sables jusqu'à la plage sous-marine qui occupera le fond de la baie. L'action de la lame hâtera l'usure des grains, surtout de ceux qui, poussés le plus bas, tarderont le plus à remonter dans la rivière sous l'impulsion dominante du flot, lorsqu'on sera revenu aux petits débits.

Les basses eaux fluviales correspondront à de bonnes profondeurs vers la fin des digues, comme les crues exceptionnelles. Les petites crues et les crues moyennes approfondiront le surplus de la

partie maritime, et le retour de l'étiage aura pour
effet le comblement partiel, par la dominance du
flot, des excédants de ces parages; il y aura
remonte des sables que les crues auront déposés
plus bas. L'aval se dégagera comme précédemment
s'était dégagé l'amont, et les sables seront plus
petits qu'autrefois par suite des mouvements alternatifs auxquels ils seront soumis. La sortie définitive s'effectuera dans une certaine proportion
en tout temps; à mesure que les particules
deviennent plus petites elles participent de plus
en plus de la nature de l'eau, jusqu'à ce qu'enfin il y ait à peu près identité (quant à l'expulsion, par suite de l'entrée en suspension par les
moindres vitesses). Il n'y a presque plus, pour
ces particules, de termes à éliminer dans les $\int m.U^2$,
et la dominance du jusant existe comme pour la
vase non tassée, quel que soit le débit d'amont.
De même qu'une molécule liquide, le sable-pous-
sière sort mathématiquement à l'instant voulu d'un
fleuve bien endigué. Soit 20 le volume entrant par
Saint-Nazaire, pendant une marée, et 1 le débit
supérieur pendant la durée de l'évolution complète
pour un certain état de la rivière; le réservoir
compris entre le barrage et Saint-Nazaire se videra
de 21 pendant le jusant, sur les 30 par exemple
constituant son volume liquide total, soit 1 d'écoulé
sur les $30 - 20 = 10$ qui ne proviennent pas du

flot; il faudrait donc dix marées pour arriver à l'expulsion d'une molécule liquide, à partir de son entrée dans la Loire maritime. — Les particules solides sortiront de même dans un temps proportionné à leur distance à l'embouchure, lorsqu'elles auront la ténuité supposée. Toutes n'arriveront pas à cet état, car avec une certaine petitesse moindre, mais notable, elles participeront assez au mouvement des eaux pour que la descente domine déjà par les débits moyens d'amont. Lorsque ceux-ci s'accroîtront, la dominance s'étendra à des grains plus gros.

L'encombrement du fond de la baie est occasionné par les îles qui l'avoisinent (îles en grande partie artificielles), par la digue du Carnet, etc. En comparant la carte du fleuve au milieu du XVIIIe siècle à la carte de l'état actuel, on voit qu'à cette époque on troublait déjà d'une manière arbitraire le régime de la rivière, mais que le désordre s'est augmenté depuis, et s'est étendu à une partie de la baie. — La concentration des débits dans un bras régulier, approfondi, et la destruction des îles entre les rives nouvelles, peuvent seules transformer le fleuve; la marée se propagera mieux, et, de même que le jusant, le flot débitera davantage par mètre de largeur de chaque profil. Enfin l'action de la lame sur les sables se fera sentir plus loin vers l'amont. — Creusé d'abord sur une largeur modérée, le chenal de la rivière s'élargira graduellement, sans qu'il se produise d'encombrements dangereux, de déplacements brusques. Dans la Basse-Garonne, l'horizontalité du lieu géométrique des étiages se concilie avec de grandes différences dans les profondeurs, aux divers points de chaque profil en travers (surtout, comme cela doit être, aux endroits où les rayons de courbure du tracé sont petits). Il s'agira de déterminer les dragages, nécessaires pour l'abaissement des niveaux de basse mer, de telle manière que l'état nouveau du fond cadre le mieux possible avec le tracé rectifié du lit. — Quelques dépenses additionnelles pourront devenir nécessaires pendant une certaine phase de transition ; mais on arrivera bientôt, *l'usure plus grande des sables aidant*, à un équilibre mobile s'entretenant presque de lui-même. — Voir la note C.

LA LOIRE MARITIME.

IV. — Résumé.

Le phénomène des mouvements, de l'usure et de l'expulsion des sables de la Loire, est sans doute très complexe; mais il nous semble qu'il cesse d'être obscur.

Le sable et l'argile qui forment le sol des vallées sont mis en circulation, par suite de l'éboulement des rives non défendues (Loire et Allier, principalement). Une partie reconstitue à petite distance des alluvions nouvelles; le reste marche vers la mer, à grande vitesse quant à la vase et aux sables très fins, à vitesses variables et intermittentes quant aux sables ordinaires. Ceux-ci sont usés pendant le transport et deviennent de plus en plus faciles à déplacer. Des volumes considérables sont enlevés du lit pour les besoins des populations, et il n'arrive à Nantes en moyenne que 400,000^m cubes de sable par an. Le remède direct, la fixation des berges, ne donnerait pas lieu à une très grande dépense (vingt millions au plus, voir les mémoires de M. Comoy); mais il conviendra de l'appliquer simultanément avec l'endiguement régulier des rivières, pour améliorer la navigation (qu'on établisse ou qu'on n'établisse pas de barrages mobiles, voir ci-dessus). Le fleuve verserait encore dans sa partie maritime, pendant un temps très long, de grands volumes de sable provenant de l'emmagasinement actuel; il faut donc, quoi qu'on fasse dans le haut du fleuve, s'occuper des parages inférieurs. Le maximum de tirant d'eau ne pourrait, d'ailleurs, être obtenu dans ceux-ci qu'en régularisant les rives et en déblayant les fonds résistants, alors même que l'amont ne fournirait plus de sables.

Les eaux des torrents du bassin de la Loire abandonnent les graviers et les sables, en presque totalité, aux débouchés dans les plaines; mais les vases arrivent jusqu'aux rivières, et se mélangent avec celles que produisent les éboulements des berges.

Les vases qui franchissent les ponts de Nantes s'écoulent rapidement vers l'aval, en suspension dans les crues qui les ont amenées ; les étales des marées provoquent quelques dépôts qui n'ont pas l'importance de ceux que forment les marées d'été, plus chargées que celles d'hiver. Les eaux abandonnent alors, au moment de l'étale de haute mer de vive eau, des vases que la marée suivante, moins haute, ne reprend pas, et que les vives eaux ultérieures trouveront plus ou moins consolidées ; mais ces dépôts de vase n'auront aucune importance dans le bras principal, lorsqu'on l'aura régulièrement endigué. Balayés par des débits accrus (pour chaque mètre de largeur) en raison de l'abaissement de l'étiage, ils ne se formeront plus que sur les parties supérieures des talus des digues. Les attérissements sont combattus dans la baie par l'agitation des eaux, et ne se développeront plus d'une manière dangereuse lorsqu'on aura supprimé les obstacles qui entravent le régime marin ; cependant les vasières des rives se chargeront encore, entre Saint-Nazaire et Paimbœuf, lorsque la vive eau coïncidera avec un temps calme. Si l'on voulait une solution théoriquement complète, il faudrait prévoir la remise en suspension par des moyens mécaniques des dépôts dont il s'agit, dans la mesure où leur consolidation tendrait à se faire si on les abandonnait à eux-mêmes.

L'endiguement rationnel de la Loire maritime,

aidé par l'abaissement de l'étiage, produira dans le haut de cette partie les résultats suivants :

1° Pendant les crues, d sera très augmenté, la concentration des eaux dans le bras principal se maintenant jusqu'à des valeurs beaucoup plus grandes de D;

2° Lorsque la rivière reviendra aux petits débits, le flot sera plus puissant qu'autrefois pour remonter les sables, le jusant de même pour les descendre ; il y aura mouvement alternatif plus vif, ce qui hâtera l'usure ; la première crue transportera mieux les détritus vers l'aval, leurs dimensions étant plus réduites. Dans le voisinage du barrage-limite, le flot ne peut avoir d'autre action sur les sables qu'un arrêt momentané, puisque le débit fluvial pendant la marée montante finit par suffire au remplissage de l'amont. La balance journalière en remonte du sable ne sera donc possible, même pendant les plus basses eaux, qu'à partir d'un point situé à une certaine distance du barrage, et cette distance augmentera avec le débit fluvial.

L'élargissement étant de plus en plus marqué, il y a diminution de d *pendant les crues,* à mesure que l'on considère un profil en travers plus aval. Les éliminations à faire dans $\int m U^2$ deviennent importantes, et en définitive il y aura, pour chaque débit fluvial, un point à partir duquel le creusement produit en amont se changera en relèvement. — Pendant les crues exceptionnelles seules la balance sera positive jusqu'au bas de la rivière, entre les départs et les arrivées de sable. Le volume débordé sera moindre vers la Martinière que vers Couëron, vers Couëron que vers Haute-Indre ; partout le déblai dépassera le remblai. — Dans les cas les plus défavorables les dépôts se répartiront sur de grandes surfaces, et les exhaussements seront toujours minimes si les choses sont bien disposées pour qu'ils s'égalisent.

La suppression des obstacles qui jettent le désordre à l'extrémité inférieure du fleuve, dans l'état actuel, ne pourra qu'abaisser le niveau des crues (de même que celui de l'étiage) à l'entrée dans la baie. En comptant sur la cote antérieure aux travaux, en cet endroit, le profil en long calculé donnera donc, par la comparaison avec le profil ancien, l'abaissement *minimum* de la crue en chaque point de la partie maritime. Par suite de l'horizontalité approximative du fond, la profondeur H diminue à mesure que l'on considère des profils plus aval, ce qui compense en partie l'augmentation de L et modère les variations de U ; les sections s'accroîtront dans une proportion moindre que les largeurs. Tenant compte de la petitesse progressive des grains de sable, on

voit que les différences dans la puissance d'entraînement ne seront jamais telles que, vers la fin des
digues, il puisse y avoir un encombrement dangereux. On remarquera d'ailleurs qu'un seul kilomètre
de 1,000 mètres de largeur moyenne, par exemple,
retiendrait une balance de 100,000 mètres cubes
en ne s'exhaussant que de dix centimètres [1].
— Dans les temps de petits débits fluviaux,
les dépôts seront remontés dans les fouilles
que les crues auront faites en amont ; mais ce
sera la résultante de mouvements alternatifs, pendant lesquels les grains de sable seront usés,
et rendus plus facilement transportables par les
crues ultérieures. Les profondeurs s'accroîtront en
aval pendant l'été, en amont pendant l'hiver ; partout jusqu'à la baie lorsque surviendront des dé-
bordements exceptionnels.

Pour une même masse de sable en mouvement,
le danger sera beaucoup moindre qu'aujourd'hui
dans le fleuve, si la répartition se fait plus également pendant chaque crue. C'est pour cela qu'on
a la certitude de réaliser de grandes améliorations

[1] On ne peut trop insister sur ces calculs, ni
trop répéter que les sables sont principalement dangereux par les variations brusques des puissances
de transport, dans les rivières à tracé irrégulier,
coulant entre des rives et digues dont les reliefs varient arbitrairement.

par les travaux. — L'obtention de résultats sérieux devient facile lorsqu'il s'agit de la partie
maritime, parce qu'on peut agir sur le débit
en temps de basses eaux, et concentrer de
très-grands volumes de crues dans le bras principal (1). L'endiguement suffira pour assurer
une répartition moins dangereuse des dépôts de
sable dans la partie fluviale, si l'on calcule bien la
largeur moyenne, et, si l'on fait varier celle-ci
aux points d'inflexion par des rétrécissements con-
venables. Dans la partie maritime il faut écarter
graduellement les digues pour les rattacher aux
rives de la baie, sans quoi le désordre serait complet à leur extrémité; ce n'est d'ailleurs qu'à cette
condition qu'on peut donner de la stabilité à
l'abaissement de l'étiage, seul moyen d'emmaga-
siner beaucoup *sans que le débit se répartisse
sur une trop grande largeur* (2).

(1) Une crue de 3.000^{mc} déborde dans la partie
fluviale, tandis qu'au Pellerin elle sera entièrement
concentrée dans le bras principal, après l'exécution
du projet.

(2) Les eaux déborderont moins au-dessous de
Nantes qu'au-dessus, et mettront plus aisément en
suspension les particules usées par les mouvements
alternatifs. Certaines crues, débordées vers Nantes,
seront concentrées à Couëron par le retour au
bras principal des volumes déviés; des crues plus

Les frais d'entretien seront minimes après la transformation de la partie maritime de la Loire. Il ne faudrait pas, se basant sur ce qui se passe dans la Clyde, s'effrayer des dragages annuels qu'on aurait à faire. — Les causes qui déterminent l'importance de ceux-ci, dans la rivière de Glascow, sont :

1° Une lacune dans l'endiguement ;

2° La situation du barrage-limite de la partie maritime, à l'extrémité même du port ;

3° L'importance des déjections de la grande ville industrielle.

Si l'ascension du flot se faisait sur quelques kilomètres plus haut, la dépense annuelle serait diminuée.

La Clyde reçoit beaucoup moins de sable que la Loire, *mais cela n'empêchait pas l'encombrement d'être plus grand que dans celle-ci, avant*

fortes seront concentrées à la Martinière, etc. C'est pour cela que certains débits creuseront dans la partie moyenne, et les crues exceptionnelles jusqu'à l'entrée de la baie. — L'horizontalité de l'endiguement est une conséquence du nivellement des marées d'été ; mais on voit quelle influence heureuse elle aura sur l'action des crues. Notons d'ailleurs que les circonstances locales pourront motiver quelques changements dans la hauteur des digues, notamment vers l'amont des bras secondaires.

les travaux.— Que l'on réfléchisse bien à ce fait, et l'on reconnaîtra qu'il est chimérique de condamner la Loire maritime, sous prétexte que le fleuve lui verse plus ou moins de sable. Il serait bon sans doute qu'elle en eût moins à débiter ; mais on peut la transformer sans attendre les délais nécessaires pour améliorer la situation sous ce rapport. Les sables de la Clyde ne laissaient à ce fleuve que la moitié de la profondeur de la Loire, lorsque l'une et l'autre étaient abandonnées à elles-mêmes ; l'état actuel de la rivière de Glascow montre ce que l'on fera tôt ou tard de la rivière de Nantes.

Il est possible d'obtenir une belle navigation maritime dans la Loire, en abaissant l'étiage, en endiguant le bras principal, et en faisant disparaître les îles qui l'encombrent. Ce résultat sera maintenu sans grands frais d'entretien, si le barrage-limite est construit à une distance suffisante, en amont du port dont il s'agit d'assurer l'avenir.

Plus généralement : pour améliorer un fleuve à apports de sables, débouchant dans une mer à marées, il faut l'endiguer suivant la formule de la page 69, et abaisser le niveau des basses mers au moyen de dragages. Un seul de ces moyens serait impuissant, mais leur réunion doit conduire au succès. Les sables seront soumis à de plus grands mouvements de va-et-vient, *s'useront da-vantage* avant d'entrer dans la baie, et celle-ci se désencombrera graduellement.

Souvenons-nous des doléances de Greenock : si le Parlement les eût écoutées, le nouveau Glascow, l'une des gloires et l'une des puissances de nos voisins, n'existerait pas.

DÉPENSES.

———

Loire maritime. — La dépense à faire pour obtenir, de Nantes à la mer, 6^m,50 à 7^m de tirant d'eau, au-dessous de la haute mer ordinaire de vive eau, serait de . . . **49 millions,** y compris le bassin à flot de Nantes. — Pour avoir 5^m,50 à 6^m, il n'y aurait à dépenser que . . . . **38 millions,** le bassin à flot comprenant, comme dans le premier cas, toutes les parties du port actuellement fréquentées par les navires. Un nouveau bras, de 200 mètres de largeur, serait creusé au sud du bassin, pour remplacer les bras englobés dans celui-ci.

On a souvent insisté sur les mécomptes de l'exécution, pour ce qui concerne les dépenses de certains travaux ; mais ceux qu'on a exécutés en lit de rivière, et notamment dans la partie maritime des fleuves, n'ont pas en général donné lieu à des faits de ce genre. On peut citer la Loire elle-même, où les travaux faits en 1860-1863, de Nantes à l'île Thérèse , ont été liquidés sans augmentation sur le montant du détail estimatif (¹).

Loire fluviale. — Notre projet ne concerne que la partie maritime de la Loire. Mais nous avons été naturellement amenés à nous occuper de la Loire fluviale, et l'étude faite à ce sujet montre que l'endiguement bien compris suffirait entre la Maine et la partie maritime. Au–dessus il faudrait établir *en outre* des barrages mobiles, éclusés, jusqu'en un point (qui reste à déterminer)

(¹) Le projet général (1851) comprenait un endiguement prolongé jusqu'aux abords de la baie, mais on n'a exécuté que la partie supérieure. — En établissant ce projet, on avait l'idée « de soutenir les eaux » à leur ancien niveau », idée certainement erronée, comme nous l'avons expliqué dans notre brochure de 1868. — Un étiage élevé correspond à un fond trop haut ; les moindres crues débordent, et la force vive s'use en frottements sur les herbes des prairies, etc. ; le débit par le chenal varie brusquement d'un profil à un autre, ce qui amène des variations correspondantes dans la puissance de transport des sables, et par suite l'accumulation sur certains points de dépôts volumineux.

en amont duquel la navigation serait assurée par
un canal proprement dit. On atteindrait ainsi Combleux et Briare.

La Loire relierait alors, d'une manière sérieuse,
les canaux et les rivières canalisées qui y aboutis-
sent. Les communications par eau seraient enfin
établies entre toutes les parties du plus beau bassin
de France et le reste du pays. — La plus grande
entreprise de navigation intérieure, restant ensuite
à réaliser, consisterait dans le rattachement direct,
par une voie transversale, des bassins de la Loire
et de la Garonne.

Comment a-t-on pu, depuis si longtemps,
abandonner la Loire fluviale à elle-même, alors que
l'importance de son amélioration est si évidente?
Cela ne se comprend que par l'impuissance supposée de l'art de l'Ingénieur, impuissance que
ne démontrent nullement quelques endiguements
partiels, établis de manière à ne pas permettre un
jugement sur le système. On verra par exemple, en
examinant la planche de la page 42 du rapport,
qu'il n'y a pas à tenir compte de travaux qui font
varier du simple au double la largeur du bras principal, dans l'intervalle de deux ou trois kilomètres,
et cela à contre-sens de la variation moindre qui
serait motivée.

Il y aurait **quatre-vingts millions** à dépenser entre Nantes et Briare. — Dans cette

somme, la section d'*Angers à Nantes* compte pour **douze millions**. L'opération, réduite d'abord à la partie située au-dessous de la Maine, serait déjà très importante, car elle féconderait les dépenses faites pour améliorer la *Sarthe* et la *Mayenne*, en même temps qu'elle servirait d'épreuve au système de l'endiguement continu.

Nantes, 15 mars 1870.

LECHALAS.

Note A.

—

LA LAME.

—

« Dans un gros temps, la lame est animée d'un mouve-
» ment circulaire, qui peut être très-rapide sans qu'il y
» ait une grande vitesse de translation. Le courant de
» trois nœuds que signale un navire peut être le résultat
» d'un mouvement circulaire de deux nœuds, et d'un
» mouvement de translation de un nœud. » (Savy.)

La vitesse de translation des lames de Sud-Ouest
s'ajoute à la vitesse ordinaire du flot, dans la baie de
Loire; mais l'action principale du vent consiste dans le mouvement de roulement. L'emmagasinement ne s'accroît pas
autant que le ferait supposer la plus grande hauteur absolue
de la marée, car elle est en partie compensée par une
moindre descente de la précédente basse mer; mais les
sables sont vigoureusement remués et frottés les uns contre
les autres, et bien plus usés que ne le comporterait le
même mouvement de remonte par des courants ordinaires.

« La houle du large tend à conserver sa direction aux
» abords de la côte. Cette direction pourrait être différente
» de celle du vent local, mais à Lorient elle se
» confond sensiblement avec celle de la résultante des
» vents. » (BOURDELLES.)

« Au-dessous de Blaye, les bancs de sable paraissent
» remonter, sous l'influence du mouvement des lames. »
(PAIRIER.)

LA CLYDE ET LA GARONNE.

La Clyde. — La profondeur dont profite la navigation, dans la partie maritime d'un fleuve, se compose de deux éléments :

1° La hauteur d'eau au moment de la basse mer ;

2° La dénivellation produite par la marée.

Lorsqu'en 1851 les Ingénieurs de la Loire ont présenté le projet général de l'endiguement en aval de Nantes, la profondeur au-dessous de la vive eau moyenne (marquant $5^m,30$ à l'échelle de Saint-Nazaire) a été déclarée de $3^m,40$ aux plus mauvais passages, et en effet le profil en long indique qu'il faudrait approfondir de $1^m,60$, sur le haut fond dit de Couëron, pour avoir les 5^m que l'on désirait. Un peu en aval de Trentemoult, on cote sur le même profil $1^m,50$ d'abaissement à produire ; on avait $3,^m50$ sous la

haute mer de vive eau $\Big\{$ profondeur à basse mer.. $1^m,65$
dénivellation............ $1^m,85$

On voulait avoir 5^m sans changer le niveau de l'étiage, c'est-à-dire qu'il aurait fallu obtenir après l'exécution du

projet .... $\Big\{$ profondeur à basse mer.. $3^m,15$
dénivellation............ $1^m,85$

Dans la Clyde, l'abaissement de la basse mer accompagne l'approfondissement au-dessous de l'étiage; l'amélioration produite par les travaux se partage entre les deux éléments du tirant d'eau :

CLYDE.	1758	1853	MOYENS EMPLOYÉS.
Profondeur sous la basse mer, à la sortie du port de Glascow....	0ᵐ,50	3ᵐ,75	En 1770 on a commencé à rétrécir le lit au moyen d'épis;
Dénivellation en vive eau................	0ᵐ,65	2ᵐ,60	vers 1810, on s'est décidé à employer
Totaux....	1ᵐ,15	6ᵐ,35	des digues longitudinales, et ce système a été continué
Profondeur des hauts-fonds sous la basse mer, vers la fin de la partie actuellement endiguée..........	0ᵐ,60	3ᵐ,30	jusqu'à nos jours. On se dispose à démolir une partie de ces digues pour élargir le chenal, parce qu'on
Dénivellation en vive eau................	1ᵐ,95	2ᵐ,70	a cru reconnaître « qu'il était trop » étroit pour permettre un écoule-
Totaux....	2ᵐ,55	6ᵐ,00	» ment convenable » des eaux. »

Nota. — Les dragages d'entretien s'appliquent principalement :

1° A une partie de la rivière où existe une lacune dans l'endiguement;

2° A la traverse de Glascow, parce que le barrage-limite de la partie maritime est situé à l'extrémité du port, tandis qu'il faudrait que la marée s'emmagasinât sur quelques kilomètres au-dessus.

C'est naturellement vers Glascow qu'il y avait le plus de marge pour l'augmentation de la dénivellation ; aussi a-t-elle été de 1^m,95 à la sortie du port ([1]) et de 0^m,75 seulement vers la fin des digues. Les abaissements d'étiage à produire dans la Loire au moyen de dragages, et à entretenir par un endiguement convenable (et par la destruction du barrage de Carnet, etc.), seraient :

A Nantes, de............ 1^m,45

A Paimbœuf, de......... 0^m,53

Ces quantités sont modérées en elles-mêmes, mais elles le sont plus encore, en réalité, que la comparaison des chiffres ne l'indique au premier abord. En effet, les résultats obtenus sur la Clyde réduisent la pente de la ligne passant par les niveaux de basse mer à 1 cent. 1/2 par kilomètre, tandis que nous conservons une pente de 3 centimètres. La moyenne par kilomètre était autrefois dans la rivière de Glascow (*partie actuellement endiguée*), de 0^m,085 environ ; elle est aujourd'hui entre Trentemoult et Paimbœuf de 5 cent., 2. Nous réduisons donc la pente de 42 pour cent, tandis qu'on l'a réduite des quatre cinquièmes dans la Clyde, résultat que les Ingénieurs anglais n'avaient point annoncé, que nous sachions, car ils ont opéré sans grands raisonnements, pour ainsi dire d'instinct. Les faits accomplis dans la rivière de Glascow (*Annales des ponts et chaussées*, février 1869) démontrent la possibilité d'abaisser utilement l'étiage, dans certaines rivières à marées, possibilité qu'on a quelquefois contestée ([2]).

([1]) Dans le port même, l'abaissement de l'étiage a été de 2^m,13.

([2]) La Clyde n'est pas la seule rivière que nos voisins aient transformée par l'endiguement et le dragage. Citons quelques chiffres concernant la Tyne :

« Les dragages ont commencé en 1838, avec une seule

« Vers 1842, une amélioration notable a été apportée
au régime de la Clyde maritime, par le déplacement du
barrage établi au pont de Glascow. L'enlèvement de ce
barrage, qui était élevé de 1^m,20 au-dessus du niveau des
basses mers, a notablement augmenté le volume d'eau
introduit à chaque marée dans la partie supérieure de la
rivière ; les courants sont devenus plus rapides, et il en
est résulté un approfondissement considérable dans le port
de Glascow. Cet effet sera encore plus sensible, lorsque le
barrage établi en amont du pont d'Hutchestown aura complètement disparu, comme le prévoit l'acte du 2 août 1858,
et que le jeu des marées pourra se faire sentir plus en
amont. » Le barrage d'Hutchestown est placé à l'extrémité
amont de la ville ; la distance au pont de Glascow est inférieure à 1 kilomètre. La destruction de ce qu'on peut appeler

drague. Plusieurs autres ont été mises en service en
1856, et depuis 1864 on possède 6 dragues, 10 porteurs à hélice, 7 remorqueurs à roues, 52 porteurs ordinaires.

» Volume dragué jusqu'en 1864...... 4.930.000^{mc}
1864 à 1869......................... 13.958.642^{mc}
» Dans l'année 1868, on a dragué 2.632.330^{mc}. — Le
prix de revient par mètre a été, *tout compris,* de.. 0 f. 67.
» Chacune des deux dragues les plus perfectionnées donne
620.000 mètres cubes par an, pour 300 jours de travail,
à 7 heures en moyenne, soit environ 300 mètres à l'heure.
— Prix : 0 f. 37 pour le dragage et 0 f. 17 pour le transport et la décharge à la mer. »

Danube. — « ... Les sables s'étaient accumulés aux
» trois embouchures. La commission concentra ses res-
» sources sur le bras central de Soulina et fit construire des
» digues parallèles (rivière sans marées). La profondeur
» de la passe, qui n'était en 1859 que de 2^m,75, atteignit
» 5^m,50 en 1862. »

le barrage de Nantes (radiers de ponts, etc., qui élèvent de près de 1^m le niveau de l'étiage) suffirait pour produire des résultats importants dans la Basse-Loire. — *Bien qu'elle reçoive moins de sables que la Loire, la Clyde était avant les travaux beaucoup plus mauvaise que celle-ci.*

La Garonne. — L'unité de hauteur est un peu plus petite à l'embouchure de la Gironde qu'à celle de la Loire, *mais elle reste sensiblement constante jusqu'à Bordeaux.* C'est l'horizontalité du lieu géométrique des basses mers dans la Gironde, et dans la Basse-Garonne, qui a fait pour nous la lumière dans la question de la transformation de la Basse-Loire. Les résultats obtenus dans la Clyde n'ont été exposés avec clarté que plus tard, dans un article déjà cité. Ces résultats prouvent (il paraît que cela avait besoin d'être prouvé) que si l'évolution régulière de la marée a lieu dans la Garonne-Gironde, sans pente dans la ligne des étiages, cela peut avoir également lieu dans un autre fleuve, à la suite de l'horizontalisation du lieu géométrique des basses mers par des travaux de main d'homme. Auparavant il semblait, à entendre certaines personnes, qu'une divinité spéciale, un génie qu'on appelait régime, pût seul permettre la production, au profit de Bordeaux, d'un fait déclaré contradictoire en lui-même ([1]). Auguste Comte n'aurait pas

([1]) Nous nous tenons bien au-dessous de l'horizontalisation des basses mers constatée, pour la Gironde et pour la Clyde, dans les documents dont nous disposons ; certaines erreurs dans les nivellements (à supposer qu'il y en eût) ne détruiraient donc pas l'autorité de ces précédents. En tous cas, il n'y a aucun doute possible sur ces faits : une dénivellation moyenne aussi grande à Bordeaux qu'au Verdon, presque aussi grande à Glascow qu'à l'embouchure de la Clyde. Avant les travaux, la dénivellation n'était à Glascow que le *quart* de ce qu'elle est aujourd'hui.

manqué de dire que la science des rivières à marées était
encore à l'état théologique. « On suppose, dit Malebranche,
qu'il y ait dans les corps quelques entités distinguées de
la matière. N'ayant point d'idée distincte de ces entités,
on s'imagine qu'elles sont les véritables causes des effets
que l'on voit arriver. »

« Dans les marées de vive eau, dit M. Pairier, lorsque
les eaux de la Garonne sont basses, la hauteur de la pleine
mer va en augmentant légèrement du Verdon au bec d'Am-
bès et diminue ensuite jusqu'à Bordeaux, où elle se retrouve
sensiblement à la même hauteur qu'au point de départ.
Au-dessus de Bordeaux, la courbe de la pleine mer s'élève
par une pente très-faible, qui devient un peu plus sensible
à partir de Langoiran et est moyennement de 0,02 par
kilomètre jusqu'à Mondiet. De là à Castets, la pente devient
subitement de 0,25 par kilomètre, c'est-à-dire à peu près
égale à celle de la rivière.

» La hauteur des basses mers de vive eau, lorsque la
Garonne est voisine de l'étiage, diminue généralement un
peu du Verdon à Pauillac. A partir de Pauillac, les courbes
s'élèvent et leur inclinaison augmente progressivement. La
différence entre la basse mer *de vive eau* à Pauillac et à
Bordeaux a été moyennement de 0,68.

» En morte eau, lorsque les eaux de la Garonne sont
très-basses, la pleine mer s'élève plus haut au Verdon qu'à
Pauillac. Elle se maintient ensuite à peu près à la même
hauteur jusqu'à Bordeaux. A partir de ce port, elle s'élève
successivement, en décrivant des courbes à peu près parallèles à celles des pleines mers de vive eau.

» *Les basses mers de morte eau présentent également un
abaissement à partir du Verdon, mais il est beaucoup plus
marqué que pour les pleines mers, et il s'étend jusqu'à Bordeaux.*

» En résumé :

» 1° Dans les basses eaux de la Garonne, il n'y a pas de

différence sensible entre le niveau de la pleine mer à Bordeaux et à l'embouchure de la Gironde ;

» 2° Le niveau des basses mers de syzygie est plus élevé à Bordeaux qu'au Verdon ; mais le contraire a lieu , *et d'une manière beaucoup plus marquée,* dans les basses mers de quadratures ;

» 3° En somme , LE NIVEAU MOYEN , RÉSULTANT DE LA MOYENNE DE TOUTES LES HAUTES ET BASSES MERS OBSERVÉES PENDANT DIX ANNÉES CONSÉCUTIVES , N'EST , MALGRÉ L'INFLUENCE DES CRUES DE LA GARONNE, QUE D'ENVIRON $0^m,30$ PLUS ÉLEVÉ A BORDEAUX QU'AU VERDON. »

La dénivellation moyenne de la marée est de 4^m à Bordeaux, de $1^m,20$ à Nantes. Et cependant, l'unité de hauteur est plus grande à Saint-Nazaire qu'au Verdon. — Le niveau moyen de la basse mer est, à Bordeaux, inférieur à ce qu'il est au Verdon , en ne comptant pas les jours de crues notables ; celui de Nantes est supérieur de 3^m environ au niveau moyen de Saint-Nazaire.

Les travaux à faire au-dessous de Bordeaux , pour améliorer la Garonne-Gironde , sont loin de présenter les mêmes difficultés que les travaux à entreprendre pour transformer la Basse-Loire. Si nous représentons le profil longitudinal , un jour de vive eau et la rivière étant à l'étiage : 1° Lorsque la mer est haute au Verdon $(ABIC)$; 2° lorsqu'elle est basse au même point $(A'ID)$, nous voyons que pendant le jusant l'écoulement à la mer correspond au volume AIA' moins le volume DIC, plus ce que la Garonne a fourni en D pendant la marée descendante. — Faisons abstraction du débit fluvial, pour simplifier le raisonnement. Nous voyons que $ABCA'$ représente le maximum d'emmagasinement dû au phénomène de la marée et $A'IDC$ le minimum ; la différence précédemment indiquée est la même que celle qui existe entre ces quantités. Si toutes les marées se ressemblaient, cette différence correspondrait à la partie variable d'une sorte

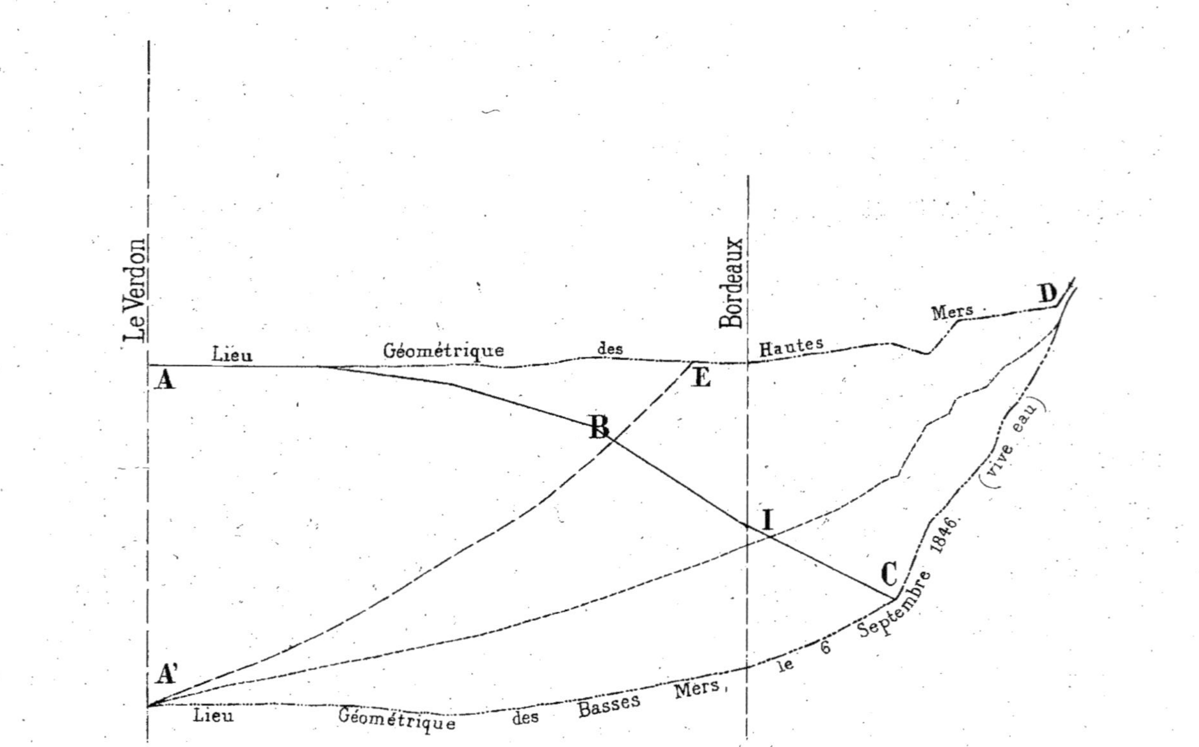

Le Verdon
Bordeaux
A
Lieu   Géométrique   des   Hautes   Mers   D
E
B
I
A'
C
Lieu   Géométrique   des   Basses   Mers,   le 6 Septembre 1846.   (vive eau)

de lentille qui oscillerait dans le bas du fleuve. — Relevons
par la pensée le lieu géométrique des basses mers en
A'E, pour lui donner une position analogue à celle qu'il
affecte dans la Loire, nous voyons que la partie constante et
la partie variable de la lentille seront forcément amoindries.
Non-seulement la dénivellation diminuera, mais encore la
profondeur sous basse mer sera moindre, l'instrument
de travail qui l'entretient ayant moins de puissance ;
il faut donc détruire dans la Loire les causes qui relèvent
l'étiage : 1° les îles et autres irrégularités qui absorbent la
puissance vive en augmentant les frottements ; 2° les fonds
de roches de Haute-Indre et les radiers élevés des ponts de
Nantes. Si l'on opère bien on obtiendra, tout au moins,
l'équivalent de ce que la Garonne doit à l'à peu près de
sa conicité progressive (¹), etc.

Ces considérations très-simples porteront, croyons-nous,
la conviction dans les esprits. On comprendra, d'une manière nette et définitive, on verra pour ainsi dire que
l'abaissement-gradué de l'étiage, ou en autres termes la
diminution de la pente, est le seul moyen sérieux d'améliorer la navigation d'une rivière à marée ; en même temps
qu'il augmente la partie mobile du tirant d'eau (la dénivellation), cet abaissement provoque l'augmentation de la
profondeur sous basse mer, en raison de l'accroissement du
débit dans chaque mètre de largeur de la rivière endiguée.
Nous expliquons ailleurs, avec les détails nécessaires,
comment les travaux projetés en Loire conduiraient au
but, et pourquoi les résultats seraient stables.

« La pente de la Basse-Loire, dit-on, est une consé-
» quence nécessaire du régime des sables en amont ; dans
» les autres fleuves, les pentes résultent d'arrivages diffé-
» rents. Le phénomène est de même ordre que dans les

(¹) Bordeaux, borne 3 : 550ᵐ ; kil. 8 : 600ᵐ ; kil. 13 :
720ᵐ ; kil. 18 : 830ᵐ ; kil. 21 : 950ᵐ.

» rivières ordinaires à fond mobile, bien qu'il soit com-
» pliqué par la marée ; il doit donc y avoir corrélation
» entre les pentes fluviales et maritimes. »

Réponse. -- La pente moyenne de la Garonne fluviale
est de 26 centimètres par kilomètre, au-dessous du Lot ;
celle du lieu géométrique des étiages entre Bordeaux et
la mer est *nulle.* — La pente moyenne de la Loire $= 0^m,16$
par kilomètre entre la Maine et Mauves , et celle du lieu
des étiages $= 0^m,05$ de Trentemoult à Paimbœuf, (0,07
par kilomètre entre l'entrée du port fluvial de Nantes et
Saint-Nazaire , la moyenne étant augmentée par le rapide
de Nantes). — L'entité-régime , qui se contente de zéro [1]
sur la Garonne après avoir exigé 26 , réclame 7 ou
5 [2] sur la Loire après 16. « La nymphe des eaux n'est
plus la même ! »

------

[1] et [2] Sous réserve de la distinction à faire , pour
chaque point, entre les pentes réelles aux divers moments
et la pente du lieu géométrique des étiages. Celui-ci est
une limite, sur une rivière comme sur l'autre.

Note C.

—

OBJECTIONS ET RÉPONSES.

—

Les objections ci-après sont les seules qui soient venues à notre connaissance. Nous tâcherons d'y répondre, mais le lecteur devra nous pardonner quelques répétitions.

I.

Depuis les travaux de Magin au XVIIIe siècle, la partie basse de la Loire maritime s'est détériorée. N'est-il pas à craindre que le prolongement des digues ne lui donne le coup de grâce ?

Magin a barré des bras secondaires pour concentrer les débits ; mais il n'a rien fait pour proportionner ceux-ci aux largeurs diverses. Ces largeurs variant au hasard, les désordres anciens n'ont pas cessé de se produire. Des épis, des plantations et d'autres travaux faits sans ordre, en vue de provoquer des attérissements, ont empiré la situation.

Vers 1840, puis en 1860-1863, un système général d'endiguements a été constitué entre Nantes et l'île Thérèse ; mais plusieurs fautes ont été commises. Ainsi par exemple des crues modérées, qu'on aurait pu concentrer dans le bras navigable, se divisent arbitrairement, et des largeurs plus grandes débitent moins d'eau que certaines parties situées en amont ; ce fait se produit parfois brusquement, dans des conditions qui rendent les dépôts plus dangereux. La navigation est cependant plus facile dans la longueur endiguée, parce qu'après tout l'on a réduit le désordre ancien. Quant à la partie située en aval, la détérioration est certaine ; elle s'explique par la présence du barrage de Carnet, et par le défaut de raccordement avec les rives à l'extrémité des digues. C'est d'ailleurs avec raison qu'on n'a pas poussé plus loin l'exécution du projet de 1851, qui ne comportait pas une bonne arrivée dans la baie.

Mais voyons quelles seraient les conséquences du système de 1869 : Après une phase transitoire, le régime final des alluvions se résumerait comme suit : *les vases* ne formeraient aucun dépôt stable dans l'endiguement, sauf quelques traces à la partie supérieure des rives et des digues pendant les vives eaux. *Les sables* chemineraient plus facilement pendant les crues, les tracés et les reliefs latéraux ne présentant plus de variations arbitraires ; en été, la force vive du flot ne serait plus amortie par les îles du bas de la rivière, et la puissance de remonte y gagnerait ; les dépôts des crues précédentes aux abords de la baie seraient rejetés dans les affouillements d'amont, car on a vu qu'en temps d'étiage la puissance du flot serait plus accrue que celle du jusant. Mais, par contre, celui-ci sera capable de faire pendant les crues de plus grands transports qu'autrefois ; l'oscillation et par conséquent l'usure des grains de sable sera très-augmentée.

A leur arrivée dans la baie les sables seront plus faciles

à transporter, il restera moins de travail à faire pour que la sortie finale ait lieu. — Chaque marée introduit en Loire un certain volume liquide, qui en sort pendant l'èbe avec le débit fluvial. Si les sables avaient la même mobilité que l'eau, ils disparaîtraient comme le débit d'amont. Les choses ne peuvent arriver à ce point; mais, disposant des marées d'été pendant lesquelles la rivière ne fournit guère que de l'eau, il est possible d'obtenir un bon équilibre final, si l'on utilise mieux la force, si l'on use assez les détritus à l'intérieur pour qu'ils n'aient plus à se modifier beaucoup dans l'embouchure. La Loire fluvio-maritime devenant un atelier perfectionné de trituration, on améliorera l'embouchure en abrégeant le séjour qu'y font les sables.

Rappelons brièvement ce que nous proposons pour arriver au but :

1° Régler l'endiguement de manière qu'il se rattache aux rives, vers l'origine de la baie ;

2° Graduer les largeurs suivant une loi progressive ;

3° Proscrire toute inégalité arbitraire dans les hauteurs des rives et des digues ;

4° Abaisser les niveaux des basses mers au moyen de dragages, et limiter l'opération par un barrage établi à distance convenable au-dessus du port d'amont.

Après la transformation du fleuve, celle de l'embouchure suivra comme par surcroît; la rivière donnant moins à faire aux forces du large, celles-ci poursuivront avec plus d'efficacité leur travail d'érosion.

Aujourd'hui, des crues modérées se répandent sur de grandes largeurs ; leur force de transport s'amortit surtout dans le voisinage de la baie, au milieu d'obstacles multipliés, et les départs de sable sont moindres que les arrivées. Les marées de l'été ajoutent au désordre en comblant de vase les poches qu'elles rencontrent sur certains points (¹).

(¹) Notre profil en long géologique prouve que l'argile

Tant que se continuera l'accumulation des sables, entre le bout des digues actuelles et l'origine de la baie, le volume que reçoit celle-ci sera diminué ; mais la matière est livrée brute, non triturée comme il le faudrait dans l'atelier intérieur. Il en résulte que l'accumulation se continue dans l'estuaire lui-même, malgré la retenue d'amont, jusqu'au point où l'équilibre se rétablit par le voisinage de la mer ; au-delà, les forces érosives retrouvent leur emploi normal.

Lorsque les berges de la Loire et de ses affluents seront défendues sur toute leur longueur, les lits se dégageront peu à peu ; un jour viendra où ces rivières ne verseront plus que de l'eau et des vases légères. La force érosive de la lame opèrerait alors puissamment dans la baie et au-delà, parce que l'orientation de l'embouchure, la nature et la forme des côtes voisines, et la faiblesse du courant littoral garantissent contre les sables du debors. Les matières arrachées du lit par l'action de la mer passent maintenant inaperçues, cette action n'ayant d'importance qu'à l'extrémité de l'embouchure ; mais l'érosion se produisant en amont elles oscilleraient sous l'action des courants alternatifs, jusqu'à usure suffisante pour le transport au large. Ce serait une dernière période de transition ; lorsqu'elle arriverait à son terme, l'aval comme l'amont ne fournirait plus que de l'eau et des vases.

a une grande importance dans l'ensemble des alluvions. En 1865, la principale opération de dragage a donné : *sable*, 28,354^{mc} ; *argile*, 19,915^{mc}. Or, s'il y a une chose démontrée, c'est assurément la proportionnalité des dépôts de vase aux désordres du lit et aux entraves à l'écoulement. Celui-ci se fait donc mal ; les marées d'été sont impuissantes à user les sables, et les crues montent à des hauteurs exagérées (les grandes crues de la Garonne, plus fortes que celles de la Loire, ne relèvent la haute mer de vive eau que de 1 mètre à Bordeaux, — au lieu de 4 mètres à Nantes).

Mais le jour où l'amont ne donnera plus de sables serait encore bien éloigné, alors même que l'on procèderait aux fixations de rives dans les vallées de la Loire et de l'Allier. Il faut donc s'occuper de recevoir ces détritus dans de bonnes conditions, et répartir le mieux possible les arrivées dans la baie. — L'endiguement rationnel serait d'ailleurs dans tous les cas nécessaire. Lorsqu'on parle des dangers de travaux de ce genre, on suppose implicitement des digues peu espacées, rattachant mal la rivière à son embouchure (projet de 1851); mais en replaçant les choses sous leur véritable jour toute crainte s'évanouit. — Le désordre est proportionnel aux obstacles, îles ou autres, qui entravent le mouvement des eaux, et l'on peut dire que la solution cherchée est une question de régularité dans les tracés, dans le nivellement des rives et digues, dans le raccordement des bords du fleuve à ceux de la baie ; l'évidence de ces bases premières saute aux yeux, et nous permet d'affirmer qu'on n'a rien à craindre de l'exécution du projet de 1869. Cette conclusion sera développée ci-après, par des considérations relatives aux volumes comparatifs des emmagasinements de marée, et par une étude sur l'écoulement des crues après l'abaissement de l'étiage. Une réforme est urgente, car il faut expulser autant de sable qu'en apporte la rivière ; à défaut, le travail arriéré se traduit, chaque année, par un encombrement d'autant plus dangereux qu'il est augmenté par les dépôts de vase.

II.

Les endiguements de 1860-1863 amoindrissent l'emmagasinement de la marée. Le prolongement des ouvrages ne produira-t-il pas le même effet sur une plus grande échelle ?

Les travaux de 1860-1863 n'ont pas beaucoup diminué

l'emmagasinement dans la partie correspondante de la Loire ; mais nous admettons une perte sérieuse dans le volume total du flot au-dessus de Paimbœuf [1]. C'est le résultat forcé d'un ensemble de faits qui entravent le mouvement des eaux (attérissements produits par le barrage de Carnet, mauvais tracé et écartement insuffisant des digues entre Couëron et l'île Thérèse [2], etc.) Nous ferons plus que répondre aux craintes exprimées en montrant que le volume du flot, après l'exécution du projet de 1869, serait au moins égal à celui de 1858, date antérieure à la création des endiguements incriminés.

La pièce 12 (n° 4) donne le calcul des débits totaux de la marée à Paimbœuf, le 9 septembre 1858, en vive eau. On trouve 172,874,490^{mc} pour le volume du jusant ; mais en faisant le cubage on a supposé le réservoir de réception baigné sur sa largeur totale, au moment de la basse mer dans ce port. L'approximation obtenue est un peu grossière ; car les parties des bras secondaires qui émergent, lorsque commence le flot à Paimbœuf, donneraient lieu à une assez sérieuse correction. — En conséquence, nous avons repris nos documents de 1858 et les courbes des débits calculés exactement. Le débit est d'abord obtenu pour chaque quart d'heure, d'où l'on déduit en divisant par 900 l'ordonnée de la courbe au milieu de cet intervalle de temps. La base de la méthode est l'équation suivante : *La diminution du volume d'eau*

[1] « Le grand bras du fleuve, *en aval du chenal endigué,* s'est considérablement ensablé depuis l'exécution des digues ; il assèche à peu près complètement à basse mer. Cet ensablement s'étend jusqu'à Paimbœuf et même un peu en aval. » (M. Watier. *Rapport sur la crue de 1866.*)

[2] Pente énorme pendant les crues entre Couëron et le Pellerin ; voir III.

compris dans le réservoir (entre l'origine de la partie maritime et le profil considéré) = *la sortie* (quantité négative en temps de flot), *moins l'entrée* ([1]). Chaque ordonnée donne rigoureusement, sauf erreur dans les cubages, le produit de la section par la vitesse moyenne à chaque instant ; on peut donc établir les courbes des vitesses (planche jointe au rapport imprimé de 1869). — Les débits totaux de flot et de jusant, obtenus à l'aide de la courbe des débits, n'auront pas exactement pour différence de débit fluvial pendant la durée de l'évolution complète. Il faudrait pour cela que le commencement du flot, à la suite de deux basses mers successives, eût lieu au même niveau dans le profil en travers pour lequel on fait le calcul, et que les profils momentanés correspondants fussent identiques (page 36).

La basse mer ayant lieu à Paimbœuf au milieu du jour, en vive eau, les observations du 9 septembre 1858 nous ont conduit à une courbe qui donne les débits d'un jusant et ceux du flot qui a suivi ; il eût été préférable d'avoir un flot et le jusant de retour. Les volumes totaux obtenus sont : $153,900,000^{mc}$ (jusant) et $157,050,000^{mc}$ (flot suivant). Le jusant de retour de ce flot a dû écouler :

([1])
$$\Delta V = D - d;$$

Le débit fluvial d étant connu, et la diminution du volume dans le réservoir donnée par des calculs de cabinet (basés sur des observations aux échelles et sur un plan coté du fleuve), on obtient le débit D.

Ce n'est pas seulement en flot que la valeur ΔV est négative ; elle l'est aussi :

1° Au commencement du jusant, parce que le réservoir se remplit encore de la différence entre le débit fluvial d et le débit alors très-faible D ;

2° A la fin du jusant depuis le moment où D s'est trouvé réduit à la valeur d.

157,050,000^{mc} $+$ le débit fluvial 9,702,000^{mc} $=$ 167 millions, en nombre rond. C'est ce volume qu'il faut substituer aux 173 millions du calcul sommaire ([1]).

Remarquons que dans la pièce 12 (n° 4) on n'ajoute le débit fluvial que pendant le jusant, après avoir calculé le volume compris entre les deux courbes longitudinales de basse et de haute mer à Paimbœuf, parce que ce cubage ne donne pas seulement le volume du flot, mais en outre l'entrée par l'amont pendant la durée de celui-ci.

Nous avons trouvé 167 millions pour le débit total du jusant à Paimbœuf, dans la soirée du 9 septembre 1858; que deviendrait ce volume après l'exécution du projet? La pièce 12 (n° 5) donne 120,600,000^{mc} pour l'introduction *dans le bras principal seul,* par l'amont et par l'aval pendant le flot, au cas où la rivière serait endiguée jusqu'à Paimbœuf. Comme en réalité les digues s'arrêteront à la Tour de Bouée, le calcul doit être rectifié (multiplication de la surface totale de l'entre-profils Bouée-Paimbœuf par la distance verticale moyenne, 4^{m},78, entre les courbes longitudinales de l'état nouveau aux moments de basse et de haute mer à Paimbœuf). On trouve 118 millions de mètres cubes dans toute la largeur du fleuve, au lieu des 62 millions portés au tableau pour

([1]) Nous ne prenons pas les 153,900,000^{mc}, pour les substituer aux 173 millions, parce que nous cherchons la vérité sans parti pris; notre rectification diminue la réduction à opérer sur le résultat du calcul sommaire. Les 13 millions de différence entre les jusants 154 et 167 s'expliquent par la plus grande hauteur de marée qui a précédé celui-ci. Nous supposons une basse mer égale à la précédente, ce qui n'est probablement pas exact; mais cette hypothèse est logique dans la circonstance, parce qu'on la fait également pour l'état nouveau avec lequel il s'agit d'établir une comparaison.

l'emmagasinement de l'entre-profils entre les digues supposées ; ces 118 millions, augmentés des volumes compris *entre les digues* à l'amont de Tour de Bouée, deviennent 176,600,000^{mc} (introduction du flot et débit fluvial correspondant), soit 180 millions en ajoutant le débit de la Loire pendant le jusant. Ce résultat suppose qu'il n'y ait pas d'émergences ; mais la correction de cette hypothèse n'entraînerait pas une réfection bien grande, car il faut tenir compte de la destruction du barrage de Carnet, et d'ailleurs la différence avec les 167 millions de 1858 est assez grande pour qu'on puisse affirmer, tout au moins, l'absence de diminution. Cette conclusion ne laissera aucun doute dans l'esprit si l'on considère :

1° Que non-seulement le bas du bras du Migron sera sous l'influence de la lame, après la destruction du barrage et de l'île du Grand-Carnet, mais qu'en outre le débit de l'Acheneau empêchera que l'encombrement ne devienne complet dans la partie moyenne (pour laquelle nous n'avons compté aucun volume de marée) ;

2° Que l'on n'a rien compté pour les réservoirs autres que celui du Migron ;

3° Que l'on a supposé une propagation horizontale, tandis que nous trouvons un exhaussement dans la partie de la Garonne comparable à notre état nouveau, sous le rapport de la pente des étiages ;

4° Que l'on n'a pas tenu compte de l'emmagasinement au-dessus du barrage de Belle-Vue, qui ne sera véritablement un barrage-limite qu'en morte eau.

Remarquons que nous aurions dû comparer les débits totaux par Saint-Nazaire ; le désencombrement du fond de la baie de Paimbœuf et l'abaissement de l'étiage produiront un supplément notable dans le réservoir de réception entre les deux ports de l'embouchure. — Il ne faut pas perdre de vue, enfin, que la diminution des obstacles à la propagation du flot ne peut correspondre qu'à un volume total augmenté ; cette considération générale vaut mieux assurément que tous les détails dans lesquels nous avons été forcés d'entrer. Trois conditions principales sont requises pour que son exactitude soit assurée :

1° Un bon tracé des digues, en plan et en élévation ;

2° L'adoption pour le barrage-limite d'un emplacement convenable ;

3° Des dragages, dont il s'agit de déterminer l'importance et l'emplacement.

Il nous semble que la controverse, pour être utile, devrait se concentrer sur les solutions concernant ces points essentiels. On arriverait ainsi à améliorer une conception qui, bien qu'ayant dans l'ensemble un caractère de certitude, peut être entachée de quelques imperfections.

Voici quels ont été, sur quelques points de la Loire maritime, les débits totaux de la marée pendant la journée du 9 septembre 1858 :

(Tableau.)

	DÉBITS TOTAUX.		DIFFÉRENCES.	OBSERVATIONS.
	FLOT.	JUSANT.		
Vive eau (la Loire étant à 0^m,52 au-dessus de l'extrême étiage à Mauves), 9 septembre 1858. Mauves.......	»	(A) 9.702.000	9.702.000	(A) Pendant la durée de l'évolution complète de la marée dans les profils inférieurs.
Trentemoult ..	5.265.000	14.976.000	9.711.000	
Tour de Bouée.	76.050.000	78.300.000	2.250.000	Ces différences seraient, l'une trop petite, les autres à contre-sens, si le jusant calculé était postérieur au flot ; mais c'est le contraire qui a eu lieu. Voir les explications ci-dessus.
Paimbœuf.....	157.050.000	153.900.000	— 3.150.000	
Saint-Nazaire..	315.900.000	308.700.000	— 7.200.000	

L'égalité, sinon mieux, étant prouvée quant aux introductions de marée en vive eau, il est facile de montrer qu'en somme, après les travaux, l'embouchure sera balayée par un volume supérieur à celui de 1858. Pendant la morte eau du 16 septembre de ladite année, la rivière ne débitant qu'environ 200 mètres cubes à la seconde, les débits totaux ont été :

	FLOT.	JUSANT.	DIFFÉRENCE.	OBSERVATIONS.
Trentemoult	36.000	9.200.000	9.164.000	Pas de débit de flot à Nantes, presque rien à Trentemoult. Il n'y a pas de débits de flot lorsque la marée ne se fait sentir que par l'intumescence et non par le contre — courant (la répartition dans le temps est modifiée, mais on n'a en somme que le débit fluvial).
Paimbœuf. .	58.860.000	69.300.000	10.440.000	La basse mer par laquelle se termine le jusant est plus basse que celle qui a précédé le flot; c'est pour cela que ces différences dépassent le débit d'amont.
Sᵗ-Nazaire .	97.380.000	112.400.000	15.020.000	

Lorsqu'on aura abaissé l'étiage, les apports des petites

marées dans le bras principal s'accroîtront beaucoup plus, relativement, que ceux des vives eaux. Quant aux emmagasinements dans les bras secondaires , ils sont trop faibles aujourd'hui, en morte eau, pour que les pertes de ce côté soient sérieuses ; l'augmentation finale du flot de quadrature ne peut donc être mise en doute.

Enfin , nous avons calculé les débits totaux aux divers points du fleuve , pendant la crue du 9 février 1860 (4^m,34 à l'échelle de Mauves) :

	FLOT.	JUSANT.	DIFFÉRENCE.	OBSERVATIONS.
Trentemoult ..	»	144.000.000	144.000.000	
Tour de Bouée.	24.030.000	171.900.000	147.870.000	Le flot proprement dit (contre-courant) ne se fait pas sentir au-dessus de l'île du Grand-Pineau.
Paimbœuf...	106.200.000	255.600.000	149.400.000	
St-Nazaire ...	283.500.000	432.000.000	148.500.000	

Après l'exécution du projet, l'apport de la marée sera plus notable par suite de l'abaissement des niveaux de la crue. (*Rapport,* page 113, et ci-après, III.)

En résumé , le nouveau régime , dont on ne peut contester la supériorité dans la longueur de l'endiguement, ne fera jamais rien perdre à l'embouchure sous le rapport des débits, et dans l'ensemble il la fera profiter d'une augmentation.

III.

L'abaissement du niveau des crues aurait une grande impor-
tance ; mais résulterait-il réellement des travaux pro-
jetés ? Si l'abaissement de l'étiage à Nantes est aussi
considérable qu'on le dit, ne serait-il pas accompagné
d'inconvénients sérieux ?

Le niveau de la mer dans la baie, le débit, la forme
et la constitution géologique de la vallée, le tracé du lit
dans la Loire maritime, déterminent la hauteur d'une
crue dans le port de Nantes. Celle-ci est en raison de la
pente qui s'établit en aval, et il s'agit de savoir par quels
moyens on peut la rendre minima.

C'est d'abord par la suppression des entraves directes à
l'écoulement (îles, etc.). Ces entraves provoquent l'exhaussement de la surface liquide (*et par suite celui du fond*),
et cette intumescence accidentelle ajoute à la pente normale
un supplément qui peut dépasser le principal. — Les faits
de cet ordre échappent à l'appréciation par la formule
Darcy, qui peut au contraire s'appliquer à l'écoulement
dans la rivière régularisée.

S'il s'agissait d'une rivière régulière à fond inaffouil-
lable réglé suivant une pente uniforme, une largeur
donnée correspondrait, pour chaque débit, à une vitesse
et à une profondeur qu'on calculerait par la formule
Darcy et par l'équation $D = L.H.U$, la pente superficielle I étant égale à la pente du fond. Mais s'il s'agit
d'un lit mobile, de largeur non uniforme, I devient variable quelque règlement initial qu'on fasse, et le problème
ne serait déterminé que si les débits de sable et d'eau
étaient constants ([1]). A défaut l'étude se complique, et il

([1]) Etant donné un lit mobile homogène, dont les
largeurs ne varient que graduellement, la détermination

faut se rendre compte de la valeur comparative des apports
et des départs de sables, etc.

Dans la Loire maritime, nous voyons de suite qu'il faut
remédier au débordement des crues ordinaires, et surtout
aux variations brusques des débits entre des profils voisins. Ces variations, qui résultent des sorties et des rentrées arbitraires dans le lit, provoquent la formation d'amas
locaux et sont la cause d'un désordre général. Nous régu-
lariserons donc le nivellement des digues et rives, ce qui éga-
lisera, pour les petites et moyennes crues, les transports de
sable par les divers profils, sauf l'influence de l'élargissement
qui se fera sentir d'une manière graduelle. Ces crues
apporteront des sables ordinaires, mais emporteront un
volume supérieur des sables usés qu'elles trouveront dans
le lit, et cela jusqu'en un certain point d'autant plus rap-
proché de la baie que le débit de la crue sera plus
considérable ; le bas de la rivière sera un peu exhaussé,
parce que la plus grande largeur sur laquelle agiront les
courants ne compensera pas la moindre vitesse de ceux-ci.
Lorsque le débit d'amont s'augmentera au point de débor-
der vers Nantes, l'effet d'encombrement en aval sera

théorique du profil en long superficiel et de celui du fond,
pour des débits constants d'eau et de sable, peut être
établie comme suit : Soit L la largeur d'un profil en travers, W la vitesse de fond nécessaire pour le débit de
sable $\frac{Q}{L}$ par mètre courant de largeur ; on calculera
H, I et U au moyen des deux formules rappelées ci-dessus
et de la relation entre la pente, la profondeur et les deux
vitesses ; de même pour les autres profils en travers, en
remontant. Les profondeurs et les pentes étant connues,
la solution sera complète si les conditions de l'extrémité
du canal sont déterminées ; sans cela les profils longitudinaux pourraient être relevés ou abaissés, et l'on n'aurait
que leur position relative.

combattu par la rentrée dans le chenal des volumes extra-
vasés. L'excédant des dépôts sur les départs sera en tous
cas sans danger, parce qu'il n'y aura pas de motif pour
qu'il s'accumule sur certains points , et la dominance des
courants de flot, pendant les basses eaux du fleuve,
apportera plus tard le remède, comme nous l'avons expliqué.

Il ne faut pas perdre de vue l'importance de l'a-
baissement du fond vers l'entrée en baie, à Tour de
Bouée par exemple ([1]) ; la situation du plan incliné des
crues dépend à son extrémité de la cote que lui assignera
le régime marin , de même que son inclinaison modérée
sera la conséquence de la suppression des îles , etc.
Entre les échelles de Cordemais et de l'île Pineau , la
grande crue de 1866 présentait à basse mer une déclivité
de 1^m,60 pour 7 kilomètres 600^m ; entre l'île Pineau et
la Martinière ($3,700^m$), 0^m,80 ; de là au Pellerin ($2,200^m$),

---

([1]) D'après une indication de la carte de Magin , l'action
de la lame se serait étendue autrefois jusqu'au droit de la
tête de l'île Sardine, et aurait formé dans le nord une
courbe concave analogue à celles de Donges-Lavau et de
Lavau-Rohars (que des rochers difficilement affouillables
séparent l'une de l'autre et des courbes voisines). L'action
de la lame se reconnaît aisément dans ces formes de la
côte sur la rive exposée au vent régnant. Pour que la
pénétration du régime marin dans l'intérieur reprenne de
l'importance , il faut que la main de l'homme ne soit plus
appliquée qu'à aider les forces naturelles, et à régulariser
leur action. Bien que prépondérantes sur la côte nord dans
le voisinage de la baie, ces forces se feront cependant
sentir au sud , après la destruction du barrage et de l'île
du Grand-Carnet, car les lames du vent de nord-ouest
pénètreront dans le réservoir du Migron. (Voir ci-après
un passage du *Rapport* de 1851).

0^m,56 ; du Pellerin à Couëron, 0^m,74 pour 2,300^m, soit 32 *centimètres par kilomètre*. Est-il assez évident que le désordre du bas de la Loire provoque l'exhaussement des crues à Nantes, et celui du fond en aval de ce port?

La Loire fluvio-maritime étant largement ouverte, approfondie, régularisée et débarrassée de ses îles., Nantes profitera de toutes les économies de puissance vive que donnera cette transformation : *moins de chute totale parce que moins de frottements*. — Une crue de 8 mètres (¹) à Langon ne s'élève à Bordeaux qu'à 6^m,40 au-dessus du zéro de l'embouchure ; une crue de 6^m,50 (²) à Mauves atteint à Nantes 9^m,60 au-dessus du zéro de Saint-Nazaire. Cela donne une idée de ce qu'on peut obtenir par l'horizontalisation du lieu géométrique des basses mers d'été ; les 3 mètres de pente en Loire (³) (au lieu de zéro en Garonne) se retrouvent en supplément de hauteur de crue, par rapport au niveau de la mer. Nous n'avons cependant annoncé que 1^m d'abaissement à Nantes, pendant les crues de 6^m,50 à Mauves, pour 1^m,45 de réduction dans le relief de la basse mer d'été.

On nous dit encore : « L'abaissement de l'étiage ne serait » pas sans inconvenients , mais celui qu'on produirait » manquera de stabilité. »

Sur le premier point : Il y aurait des inconvénients graves, en effet , si l'on maintenait dans le port de Nantes l'écoulement du fleuve ; les ponts et les quais seraient à refaire. Mais le port fluvial et le port maritime seront retranchés de la rivière, avec laquelle ils ne communiqueront

(¹) et (²) Ces hauteurs sont comptées au-dessus des étiages de Langon et de Mauves.

(³) Nous ne répétons pas ce qui a été dit sur le *lieu géométrique des étiages*. Pour se rendre compte des pentes réelles , état actuel et état nouveau , voir les pièces du projet.

plus que par des écluses, et l'écoulement aura lieu par un bras nouveau. — Le bras de secours de Pirmil ne verra pas son étiage baisser beaucoup , à l'emplacement du pont et des ouvrages sans importance qui l'accompagnent (voir le *Rapport*) ; même observation pour le pont Rousseau et les cales de la Sèvre. Au besoin , l'on établirait un barrage éclusé à faible relief, au-dessous de l'embouchure de cette rivière.

Sur le second point : Si l'on a bien compris à quel sérieux amoindrissement de la pente des crues il faut s'attendre , on admettra sans peine la stabilité du nivellement nouveau du fond ; mais pour faire une réponse complète il faudrait répéter ici tout notre mémoire. — La science est encombrée de lieux communs erronés qui bientôt, nous voulons l'espérer , auront fait leur temps. Ainsi l'on nous dit : « Vous n'empêcherez pas les bancs de sable de » descendre avec les crues, et de s'arrêter en route lors- » que la crue tombe. » C'est à peine digne d'une réfutation , mais des personnes intelligentes ne répètent pas moins cela à tout propos. Lorsque les sables sont en mouvement , ils ne forment d'amas considérables que sur les points où la puissance de transport s'amortit brusquement ; supprimez toute cause d'amortissement brusque , et les dépôts se répartiront sur de grandes surfaces , sans inégalités très-marquées.

Considérons une rivière renfermée entre deux digues élevées , s'écartant d'une manière graduelle et ne présentant aucun changement brusque de courbure. Il n'y aura pas de raison pour que les sables s'accumulent en certains endroits ; lorsque le débit diminuera, les arrivées de détritus seront dans le même cas. En chaque point , les arrivages et les départs de sable s'amoindriront simultanément, et il n'y aura jamais de grandes différences avec ce qui se passera dans les profils voisins ; la faculté d'entraînement sur un point sera forte tant qu'au-dessus il en sera ainsi , et les différences seront en rapport avec celles des largeurs. Il ne se formera d'amas que dans le cas d'irrégularités graves ; les conséquences seront désastreuses si, en outre , les rives sont de hauteurs arbitrairement variables. Les débits seraient alors inégaux , à contre-sens des changements de largeur au-dessous des points d'extravasement. Sans présenter en toutes choses une régularité mathématique , l'état nouveau de la Loire maritime serait bien différent , puisque les crues ordinaires seraient entièrement concentrées dans l'endiguement, et que les crues très-débordées dans le haut de la rivière rentreraient de plus en plus dans le lit (¹) , en même temps qu'augmenterait l'écartement des digues. Nous reconnaissons la possibilité de quelques dépôts ; mais aucun changement brusque n'intervenant pour provoquer des encombrements extraordinaires, de grands amas locaux seraient un effet sans cause.

IV.

Le désencombrement du fond de la baie pourra-t-il résulter de travaux faits en amont? Ne sera-t-on pas conduit à donner une grande extension aux dragages ?

« Les alluvions tendent à se déposer sur les bords du fleuve, en dehors des courants , partout où elles trouvent un calme relatif. La jonction en aval d'une île est accompagnée d'un

(¹) Nous renvoyons au *Rapport*, pour le point singulier de Trentemoult.

Ce que nous disons des rentrées à mesure des élargissements ne doit pas être pris dans le sens d'un accroissement régulier, proportionnant toujours les débits à l'écartement des digues ; on met fin aux grandes variations et l'on ramène successivement au bras principal les volumes déviés, sans atteindre l'absolu.

remou, dû à l'île elle-même et au frottement de l'eau sur ses bords ; de là résultent les premiers dépôts de sable et d'argile. A mesure qu'ils s'augmentent d'autres naissent, et le tout s'exhausse jusqu'à consolidation par l'herbe, et rattachement au sol déjà affermi. En aval, dans l'embouchure, la destruction du littoral sous-marin porte l'action de la lame plus loin vers l'intérieur ; en amont, dans le fleuve, chaque dépôt est une cause d'attérissements vers la mer.

» La comparaison de nos cartes avec celle de 1757 nous montre l'extension de Belle-Ile-en-Loire, sa réunion avec la Maréchale et Sardine, l'exhaussement des bancs de Pipy et de Carnet. — Dans le levé de 1821, on reconnut que les vases précédaient Belle-Ile de près de 1,000 mètres. — En 1864, la Maréchale s'est prolongée de 1,300 mètres vers l'aval. La jonction malheureuse avec l'île Carnet a supprimé le chenal existant entre ces îles, et aidé au dépôt d'un banc considérable qui rejoint Pierre-Rouge. En supprimant les courants de flot, qui prenaient en écharpe le seuil de Pipy à Carnet, on a provoqué l'extension de ce seuil (2,000 mètres de largeur au lieu de 300) ; enfin les alluvions de la rivière ont fait disparaître le chenal de Pipy à Lavau, ces îles se sont allongées et leur réunion ne tardera pas si l'on n'avise. *La détérioration est considérable dans cette partie : ces alluvions, déposées si rapidement, sont la conséquence nécessaire du barrage du Carnet* (¹).

» Dans les parages de Paimbœuf et de la tour des Brillantes, la rivière était entièrement libre dans le Nord en 1757, sauf le banc formé sous l'abri de la pointe de Paimbœuf. En 1821, quatre chenaux existent dans la largeur du fleuve ; le flot empêche l'extension du banc de Carnet dans l'Ouest. — En 1864 les alluvions

---

(¹) « Des ensablements s'étaient produits dans le bras au Sud de l'île du » Petit Carnet ; la digue fut établie pour les faire disparaître. Le bras s'est » creusé, mais le but principal, qui était d'approfondir la rade de Paimbœuf, » a été tout-à-fait manqué. » — L'amiral Jurien écrivait cela deux ou trois ans après l'achèvement du barrage ; de grands désordres ont été provoqués par cet ouvrage depuis cette époque, comme on le dit ci-dessus. Quant à l'approfondissement du petit bras Sud, il est sans importance pour la navigation, puisque les profondeurs ne se prolongent pas dans le bras du Migron.

arrivant d'en haut s'ajoutent à l'effet local du barrage, et la rivière est fixée dans cette partie ; la variabilité des bancs d'autrefois n'existe plus, *et la formation d'îles peut être prévue.* Les digues naturelles descendent, reportant plus bas la partie maritime.

» Dans le Sud de la grande embouchure la mer gagne du terrain, d'après les cubages comparatifs faits sur les cartes de 1821 et de 1864 ; mais si l'on n'arrêtait pas la diminution du volume de la marée à l'intérieur, si l'on ne détruisait pas le barrage de Carnet, le fleuve s'endiguerait néanmoins par des îles, dont la tour des Brillantes et celle des Moutons seraient les noyaux ; à l'aval de Saint-Nazaire, le chenal du Nord perdrait en grande partie ses premières propriétés.

» En résumé on ne trouve que gain possible à revenir au libre jeu des marées, et perte presque complète pour la rivière, danger pour Saint-Nazaire, à laisser le fleuve s'attérir (¹). »

Nous avons voulu, en faisant cette longue citation, bien mettre en évidence la solidarité qui existe entre la rivière et la baie. Si on laisse aller les choses, la France perdra sa meilleure embouchure de fleuve ; si l'on remédie au mal d'amont, la force érosive de l'extérieur s'étendra au loin dans les terres. Quoiqu'on n'ait fait aucun travail sur la barre de la *Tees*, cette barre s'est approfondie à la suite de dragages et de régularisations à l'intérieur de la rivière ; de même l'influence de nos ouvrages se ferait sentir dans la grande embouchure, et bien plus encore au fond de la baie de Paimbœuf.

La digue du Carnet est l'une des principales causes du mal. « Ce barrage, dit M. Watier dans son rapport de » 1851, est exposé à toute la violence des vagues soule- » vées par les tempêtes dans le large bras qu'il inter- » cepte » ; il n'est pas surprenant qu'un tel ouvrage ait modifié profondément le régime des parties environnantes.

(¹) Extraits abrégés du Rapport au Ministre de la Marine, sur les cartes hydrographiques de la Loire.

Lorsqu'on aura supprimé cette cause directe des attérissements d'aval , les endiguements et les dragages opère-
ront comme dans la Clyde ; ce fleuve offrait à la navigation,
avant les travaux, un tirant d'eau très inférieur à celui de
la Loire ; son étiage s'est abaissé de $2^m,13$ dans le
port (¹), de $0^m,75$ au bout des digues , *puis graduellement
de quantités moindres, jusqu'à zéro dans la baie.* Le niveau des basses mers subira de même l'influence de la
transformation générale bien au-delà des digues de la
Loire , les dragages prolongés convenablement devant
contribuer d'ailleurs à ce résultat, ici comme dans la
rivière de Glascow.

Il faut maintenir, augmenter même , le volume d'eau
qu'introduisent les marées ; il faut disposer les choses de
telle manière que les sables d'amont soient promenés dans
la Loire fluvio-maritime, usés, amenés à l'état convenable
pour une prompte expulsion. Si l'emmagasinement était
réduit, les débits par mètre de largeur seraient néanmoins
augmentés dans toute la longueur d'un endiguement bien
établi ; les sables étant mieux triturés et leur sortie faci-
litée , on pourrait encore espérer l'amélioration de la
baie, mais l'action serait plus lente et moins complète. — Pour contester l'augmentation des volumes de
marée , on insistera peut-être sur les émergences dans
le bras navigable ; mais l'importance qu'on leur attribuerait
serait mal fondée, car il ne faut tenir compte que du volume dépassant le profil longitudinal au moment de basse
mer à Paimbœuf (²), et non du volume des alluvions au-

(¹) Ce maximum ne comprend pas la chute du barrage
détruit en 1842 au fond du port ; il y a donc une certaine
longueur où l'abaissement est beaucoup plus considérable ,
comme cela aurait lieu dans l'emplacement du barrage de
Nantes et au-dessus.

(²) Cette courbe momentanée passe, dans le nouveau

dessus du lieu géométrique des basses mers. Les émergences seront nulles en morte eau d'étiage et pour toutes les marées en temps de crue. Si donc il y a diminution, pendant la phase de transition, ce ne sera qu'exceptionnellement, lorsqu'en vive eau la rivière sera très basse. — Les difficultés soulevées nous paraissent, en somme, ne pas résister à l'examen lorsqu'on suppose l'exécution complète des travaux proposés; cherchons ce qui adviendrait dans le cas où l'on retrancherait quelque chose à ceux-ci.

La destruction de la digue de Carnet, l'endiguement général depuis Belle-Vue jusqu'à Belle-Ile (comprenant la nouvelle traverse de Nantes), le déblai du lit entre le barrage-limite et la fosse de Trentemoult, celui du rocher sous-marin de Haute-Indre et des îles comprises dans le bras navigable, suffiraient pour assurer la transformation désirée. Nous allons montrer que le dragage jusqu'à la baie n'est ajouté que pour hâter le résultat.

L'importance des travaux d'amont mérite de fixer l'attention : on fait disparaître ce que nous avons appelé le barrage de Nantes (1^m de chute sur deux kilomètres, par suite de la présence de radiers de ponts, etc.), en creusant un bras nouveau au sud du port transformé en bassin à flot; au-dessus, le lit est creusé sur plusieurs kilomètres, dans la largeur totale du bras endigué. Ces travaux abaisseraient l'étiage à peu près à la cote $2^m,99$ de celui de Trentemoult (¹) ; ils créeraient un réservoir de force,

régime de la Loire, à 1^m au-dessus du zéro de Saint-Nazaire à Tour de Bouée, et à $1^m,72$ au Pellerin, en vive eau d'étiage. Les cotes seront de beaucoup supérieures en morte eau et pendant les crues.

(¹) La cote actuelle de l'étiage, dans l'emplacement du barrage-limite projeté, est $4^m,73$.

par l'emmagasinement désormais sérieux de la marée à
Nantes et au-dessus, et l'action de ce réservoir se ferait
sentir de proche en proche vers l'aval. Le flot, ne perdant
plus sa force dans le dédale des îles, se propagerait mieux
dans le fleuve; il pousserait en été les sables vers l'amont,
le jusant ramènerait ceux-ci et dominerait jusqu'à la baie
pendant les crues; les mouvements alternatifs des sables
étant augmentés, ces détritus seraient plus usés à leur
sortie du fleuve proprement dit, et ils trouveraient au-delà
des espaces dégagés par l'action de la lame, à la suite de
la destruction du barrage de Carnet. Après un certain
temps, l'action érosive de la mer gagnerait peu à peu
vers l'intérieur. — Ce tableau du phémonène après les
travaux réduits (très abrégé pour diminuer les répétitions),
montre que les dragages généraux au-dessous de Nantes
ne seraient pas indispensables, si la question de temps
n'avait une grande importance. — Ces dragages, prévus à
100^m de largeur au départ et 200^m à l'extrémité, suffiront
pour procurer une jouissance à bref délai.

La Basse-Garonne doit à sa régularité relative, et à l'absence de relief des fonds inaffouillables, l'horizontalité de la
ligne des étiages; elle nous offre un exemple de grandes différences dans les profondeurs, aux divers points de chaque profil
en travers. Cela montre qu'il ne faut pas prévoir une prompte
arrivée de masses d'alluvions dans la baie, une égalisation
générale des fonds sur toute la largeur, après la transformation de la Loire.

Les comparaisons entre les rivières à marées peuvent
donner lieu à d'étranges malentendus, si l'on raisonne
sans attention suffisante. Exemple :

« La pente de la Basse-Garonne est représentée comme
» étant nulle. La même chose pourrait à peu près se dire
» de la Basse-Loire; car une série de mortes eaux a donné

» 0,038 de pente *moyenne* par kilomètre ; le minimum
» doit être bien faible. »

Il ne s'agit pas de pentes réelles, mais d'une limite
des profils longitudinaux , lorsqu'on parle du lieu géométrique des basses mers d'un jour donné. S'il était question
de la ligne des étiages, ce serait encore bien autre chose ,
car en amont l'étiage correspond à une morte eau et en
aval à une vive eau ([1]).

En opérant pour chaque rivière sur une série de marées
de chaque espèce, on trouve :

	PENTES TOTALES.		PENTES KILOMÉTRIQUES.		OBSERVATIONS.
	Vive eau.	Morte eau.	Vive eau.	Morte eau.	
Garonne : Bordeaux au Verdon........	0,37	1,09 de contre-pente	0,004	0,012 de contre-pente	Les pentes se rapportent aux lignes fictives passant par les cotes moyennes des basses mers , les rivières étant à l'étiage en amont de la partie maritime.
Loire : Nantes à Saint-Nazaire	2,80	2,04	0,052	0,038	

([1]) Après l'exécution du projet de 1869, la basse mer
de morte eau ne sera pas plus haute à Nantes qu'à Saint-
Nazaire. Ce qu'on appelle improprement la pente totale de
la Loire maritime sera donc nul pendant les quadratures ;
une marée comme celle du 16 septembre 1858 (B. M.
$2^m,42$ à l'embouchure) correspondra même à une contre-
pente dans le lieu géométrique des basses mers. Cela
n'empêchera pas le lieu géométrique *des étiages* de présenter une déclivité de 3 centimètres par kilomètre.

Ainsi la morte eau descend, en moyenne, à 1^m,09 *plus bas* à Bordeaux qu'à l'embouchure de la Gironde, tandis que l'altitude à Nantes est de 2^m,04 supérieure à celle de Saint-Nazaire. — Le lieu des basses mers moyennes de vive eau ne présente qu'une déclivité totale de 0^m,37, sur les 93 kilomètres qui séparent Bordeaux du Verdon, au lieu de 2^m,80 pour les 54 kilomètres de Nantes à Saint-Nazaire (52 millimètres par kilomètre, 13 fois la pente précédente.)

Un jour moyen, le niveau de la basse mer de Bordeaux est inférieur à celui du Verdon. Cependant la plus basse mer connue est, à l'embouchure, un peu au-dessous de la plus basse mer de Bordeaux.

Ce qu'il faut surtout considérer, ce sont les profils longitudinaux, donnant les déclivités réelles aux divers instants de la marée. Nous renvoyons aux pièces : 5, profils momentanés sur la Loire, état actuel ; 6, idem après les travaux ; 8, état actuel sur la Garonne-Gironde.

—

LES DEUX PROGRAMMES.

—

En 1851 l'on a admis qu'il suffirait d'obtenir, dans la Loire maritime, 5^m en vive-eau, soit 3^m,90 en morte-eau ordinaire. Aujourd'hui ce programme paraît inexplicable.

Souvent on sous-entend qu'il ne s'agit que de petits navires, lorsqu'on parle de cabotage, et nous-mêmes l'avons fait. Rien de plus inexact, cependant, car des vapeurs anglais portant jusqu'à 900 tonnes en hiver, et 1,100 en été, font en ce moment un cabotage d'une grande importance entre les Iles Britanniques et Saint-Nazaire. Les tirants d'eau atteignent 5^m et 5^m,20 ([1]), et le

([1]) En général, ces navires à charbon ne tirent pas tout-à-fait 5^m, mais les plus grands chargent jusqu'à 5^m,20 lorsque le temps est beau.

programme de 1851, fût-il réalisé très-largement, ne permettrait pas au port de Nantes de recevoir ces navires. En effet, ils déchargent parfois en trente-six heures, et en tous cas très-vite ; connaissant si bien le prix du temps, ils ne monteront pas la Loire s'il faut pour cela choisir les jours.

Il faudrait convenir, une fois pour toutes, de ne plus caractériser une rivière maritime par la profondeur en pleine ou nouvelle lune, mais par celle de quadrature. Lorsqu'on veut donner une idée de la viabilité d'une route, on parle des plus fortes pentes ; on met en relief l'obstacle, la circonstance défavorable. — Au train dont vont les choses aujourd'hui, par le temps de concurrence universelle qui court, la prétention de faire marquer le pas à des navires, à l'embouchure d'un fleuve, serait par trop chimérique. Définissons donc la Basse-Loire par le tirant d'eau des navires qui peuvent la fréquenter en petite marée ; ce serait aujourd'hui 3^m environ si l'on avait au-dessous de l'île Thérèse autant qu'entre les digues, et l'on arriverait si vous voulez à $3^m,50$ en achevant les travaux projetés en 1851. Nous serions bien avancés !

Le second programme, celui de la Chambre de Commerce, le nôtre, demande $5^m,40$ au moins sous la haute mer de morte-eau ($6^m,50$ en vive eau). Cela est en rapport avec le grand cabotage existant, puisque les charbonniers anglais calent jusqu'à $5^m,20$. S'il y avait quelque chose à changer à ce programme, ce ne serait pas dans le sens d'un retour vers celui de 1851, tout au contraire, car il ne tient pas compte des développements de l'avenir ni même de certains besoins actuels. Heureusement il suffira, lorsque la nécessité s'en fera sentir, de reporter le barrage-limite plus en amont, et de draguer entre les emplacements nouveau et ancien, pour augmenter les profondeurs dans le bas du fleuve.

Le programme de 1851 ne présente pas, sous le rapport

de l'économie, un aussi grand avantage qu'on pourrait le croire. En le complétant par l'addition indispensable du bassin à flot de Nantes, il motiverait une dépense de 30 millions environ. L'économie de 20 millions, comparativement à notre projet, serait même illusoire, parce qu'en cas de succès on sentirait la nécessité d'obtenir mieux (comme cela est arrivé pour la Clyde).

Si l'on comprend comme nous le rôle du port de Nantes, l'importance nationale de son complet développement, on n'hésitera pas à rejeter l'ancienne combinaison ; on ne voudra pas léguer à l'avenir une œuvre que nos successeurs détruiraient, en maudissant notre imprévoyance. Mieux vaut n'exécuter d'abord qu'une partie d'un bon programme, si l'on ne peut tout faire immédiatement.

Nantes, imp. de Mme v^e C. Mellinet, place du Pilori, 5.

9 782019 478285